秒懂AI写作

让你轻松成为写作高手

秋叶 刘进新 贾凝墨 万静 著

人民邮电出版社

北京

图书在版编目（CIP）数据

秒懂AI写作：让你轻松成为写作高手 / 秋叶等著. -- 北京：人民邮电出版社，2023.6
 ISBN 978-7-115-61714-9

Ⅰ. ①秒… Ⅱ. ①秋… Ⅲ. ①计算机应用—写作 Ⅳ. ①H05-39

中国国家版本馆CIP数据核字(2023)第077040号

内 容 提 要

本书针对职场、学习、生活、艺术创作领域常见的 40 余种写作应用场景，遵循"场景+方法+总结"的框架，详细介绍了如何正确利用 AI 完成多种写作任务，并归纳出使用 AI 写作的方法和技巧。

全书分为 6 章。第 1 章通过 5 个步骤、6 大场景介绍了如何驾驭 AI 完成多种类型的写作任务；第 2 章至第 6 章分别详细介绍了在职场应用文写作、商业营销文案写作、新媒体写作、调查研究与论文写作、生活艺术创作等多种场景中使用 AI 写作的技巧，帮助读者充分发挥 AI 的潜力，让写作变得简单有趣。

本书适合各行业有写作需求的人群阅读。

◆ 著　　　秋　叶　刘进新　贾凝墨　万　静
　责任编辑　马雪伶
　责任印制　胡　南

◆ 人民邮电出版社出版发行　北京市丰台区成寿寺路 11 号
　邮编　100164　电子邮件　315@ptpress.com.cn
　网址　https://www.ptpress.com.cn
　涿州市京南印刷厂印刷

◆ 开本：880×1230　1/32
　印张：6.75　　　　　　　　2023 年 6 月第 1 版
　字数：161 千字　　　　　2025 年 3 月河北第 13 次印刷

定价：59.80 元

读者服务热线：(010)81055410　印装质量热线：(010)81055316
反盗版热线：(010)81055315

目录

第 1 章

掌握 AI 写作技能,让写作效率翻倍

1.1_ 又好又快,AI 写作有多"神" /2

1.2_ 五步驾驭 AI,避免"一本正经地胡说八道" /3

1.3_ 掌握 6 大场景提问方法,轻松完成各类写作任务 /5

第 2 章

职场应用文写作

2.1_ 个人简历:在面试中脱颖而出 /10

2.2_ 演讲稿:让观众印象深刻 /14

2.3_ 工作总结:无须抓耳挠腮 /18

2.4_ 创意策划:让你不断拥有金点子 /21

2.5_ 沟通话术：让团队沟通更顺畅 / 25

2.6_ 商业计划书：展现核心竞争力 / 28

2.7_ 通知：高效传达信息 / 32

2.8_ 商业信函：快速建立信任 / 35

2.9_ 面试题库：让你秒变专业面试官 / 38

2.10_ 会议邀请函：简洁大方有诚意 / 41

2.11_ 会议发言：逻辑清晰显水平 / 44

2.12_ 会议纪要：领导看了都点赞 / 46

2.13_ 新闻资讯：信息采写迅速可靠 / 50

第 3 章

商业营销文案写作

3.1_ 产品推广文案：提高消费者购买意愿 / 58

3.2_ 品牌宣传文案：提升品牌影响力 / 61

3.3_ 活动宣传文案：增加人气，提高销量事半功倍 / 64

3.4_ 电商销售文案：快速建立信任，激发消费者购买欲 / 67

3.5_ 品牌故事：与消费者建立情感联系 / 69

3.6_ 企业宣传册：全面展示企业文化和定位 / 73

3.7_ 产品手册：介绍产品服务，提高客户满意度 / 77

3.8_ 购物指南：帮助消费者轻松决策 / 80

3.9_ 产品评测：让消费者认可产品价值 / 83

第 4 章

新媒体写作

4.1_ 提供选题：让你的写作灵感源源不断 / 88

4.2_ 标题撰写：快速搞定 10 个爆款标题 / 93

4.3_ 思路大纲：快速梳理思维逻辑 / 99

4.4_ 小红书笔记：提升新媒体矩阵输出能力 / 105

4.5_ 公众号文章：激发读者认同感 / 112

4.6_ 知乎文章：成为高赞作者 / 117

4.7_ 短视频脚本：打造爆款很简单 / 123

4.8_ 豆瓣书评：快速发掘一本书的魅力 / 133

4.9_ 旅游攻略：轻松规划游遍天下 / 136

4.10_ 朋友圈文案：让好友忍不住给你点赞 / 142

第 5 章

调查研究与论文写作

5.1_ 自动翻译:让 AI 成为高效翻译助手 / 150

5.2_ 精华提炼:轻松成为文档压缩高手 / 155

5.3_ 文献阅读:一分钟深度理解万字长文 / 160

5.4_ 论文写作:不再东拼西凑 / 164

5.5_ 实验报告:轻松拿下高分 / 169

5.6_ 调研报告:深入浅出凸显价值 / 174

第 6 章

生活艺术创作

6.1_ 诗歌:领略万千意境之美 / 182

6.2_ 小说:释放你的想象力 / 185

6.3_ 剧本:百变风格轻松掌握 / 189

6.4_ 散文:感受语言艺术之美 / 195

6.5_ 日记:记录生活点滴 / 199

6.6_ 自传:书写独一无二的人生 / 202

6.7_ 故事:父母哄娃不发愁 / 206

第 1 章

掌握 AI 写作技能，让写作效率翻倍

1.1 又好又快，AI 写作有多"神"

想象一下，无论是写报告、发邮件，还是做商业计划书，都有一位小助手帮你轻松完成，甚至比你干得更好，你一天的工作只需要几分钟就能搞定，是不是太棒了。

随着 AI 技术的飞速发展，上文的想象已经成为现实。一位 4A 公司的人说，两家公司竞标，人工写竞标书的公司没中标，AI 生成竞标书的竟然中标了。AI 生成的文章质量由此可见一斑。

AI 这个"小助手"可以根据我们的需求，生成各种类型的文章，让写作变得轻松愉快、高效省力。

AI 在写作上有哪些优势呢？

1. 可以快速生成文章。 AI 具备强大的数据处理能力，能够从海量的信息中快速筛选出有用的素材，并按一定的逻辑生成结构清晰、逻辑严密的文章。这样一来，我们不再需要在查找资料和整理信息上花费大量时间。

2. 可以生成不同类型的文章。 AI 具有高度的灵活性，它能够根据我们的需求生成不同类型的文章，如新闻报道、博客文章、产品说明等。而且，它还可以根据我们的写作风格和要求进行个性化调整，使文章更符合我们的创作风格，更受读者的喜爱。

3. 可以大幅提高写作质量。 它可以在短时间内生成语法错误少、用词准确的文章。此外，它还能为我们提供修改建议，帮我们改进文章结构，优化表达方式，从而提升文章质量。

将写作任务交给 AI，不仅能够减轻我们的工作负担，还能让我们获得更多的灵感和创意。我们可以将 AI 生成的文本作为初稿，再根据自己的需求对其进行修改和优化，最终得到一篇优秀的文章。

看到这里,是不是已经被 AI 的神奇所吸引?那么,从今天开始,我们可以试着把写作这件事交给 AI 了!

1.2 五步驾驭 AI,避免"一本正经地胡说八道"

作为目前最为优秀的写作工具之一,ChatGPT 一经发布,便受到人们的追捧。但是在体验 ChatGPT 时,不少用户发现 ChatGPT 时不时会"一本正经地胡说八道",比如自行篡改名著经典,或是在文章中引用根本不存在的文献资料。

我们在使用 AI 写作时,不能简单地复制回答,而是需要有自己的思路和逻辑,也要有判断正误的意识。

如果想充分发挥 AI 的潜力,我们就需要学会驾驭 AI,让它为我们带来更多的便利。下面介绍使用 AI 写作时的基本步骤,帮助大家更好地利用 AI 写作。

选择合适的工具: 市面上有很多 AI 写作工具,它们有各自的特点和优势。

在众多的 AI 写作工具中,OpenAI 公司研发的 ChatGPT 能根据用户的要求生成高质量的内容。只需简单地输入一些关键词或者问题,它就能为我们生成一篇结构清晰、观点明确的文章。

除了 ChatGPT,百度公司的文心一言、阿里云公司的通义千问也是功能很强的 AI 写作工具,它们基于对国内语言文化和多场景应用的理解,拥有更强的本地化内容输出能力,因此也更加实用。

明确写作目标： 在使用 AI 写作时，明确写作目标非常重要。我们需要告诉 AI 希望它完成的任务，如撰写一篇产品说明、一封推销邮件等。同时，需要确保提供足够的信息，让 AI 了解我们的需求，这样 AI 才能生成符合我们要求的内容。

逐步优化： 为了得到更好的结果，我们可以逐步优化提问，让 AI 更好地理解我们的需求。例如，可以通过修改关键词、添加详细描述等方式，引导 AI 生成更符合预期的内容。同时，不妨尝试多次提问，比较不同输入下生成的结果，以找到最佳方案。

审阅和修改： 虽然 AI 的写作能力越来越强大，但它仍然无法完全替代人类进行创造。因此，在使用 AI 生成的内容时，我们需要仔细审阅并进行必要的修改，以保证内容的质量，同时使其符合人们的阅读习惯。

善用模板和规范： 许多 AI 写作工具都提供了丰富的模板和明确的规范，可以帮助我们快速生成各种类型的文章。我们可以根据自己的需求选择合适的模板，让 AI 为我们生成结构正确、格式规范的文章。

掌握以上五步操作，我们就能更好地驾驭 AI。

说明

本书讲解 AI 写作均用 ChatGPT 作为工具进行，为了让阅读更流畅，在本书后续的介绍中，如无特别说明，AI 均指 ChatGPT。

1.3 掌握 6 大场景提问方法，轻松完成各类写作任务

为了在各种写作场景中充分发挥 AI "小助手"的作用，我们还需要掌握提问的方法。以下几种针对不同场景的提问方法可以帮助我们更好地向 AI 表达需求，让它更智能地为我们提供服务。

> **说明**
>
> 本书提供的所有提问逻辑和方法，适用于目前已发布的大部分 AI 写作工具。我们可以使用多种工具生成内容，整合成符合预期的内容。

故事叙述：在需要 AI 创作故事时，可以尝试使用"开场—发展—高潮—结局"的结构来组织问题。

提问举例

❓ 请根据以下四个部分为我写一个科幻故事：
（1）开场，描述一位宇航员在太空站的生活；
（2）发展，宇航员发现了一个神秘的信号；
（3）高潮，揭示信号的真相；
（4）结局，宇航员得到了一个意想不到的启示。

产品描述：在撰写产品说明书或宣传文案时，可以使用"功能—优势—应用场景—购买方式"的结构来组织问题。

提问举例

❓ 请根据以下四个方面描述一款智能音响：
（1）主要功能；
（2）产品优势；

（3）适用场景；
（4）购买渠道和价格。

报告撰写： 在撰写报告时，可以使用"背景—问题—分析—建议"的结构来组织问题。

提问举例

❓ 请为我写一篇关于某公司营销策略的分析报告，包括：
（1）公司背景和市场状况；
（2）营销存在的问题；
（3）分析问题；
（4）提出改进建议。

邮件和信件撰写： 在撰写邮件或信件时，可以使用"称呼—正文—结束语"的结构来组织问题。

提问举例

❓ 请为我写一封感谢信，包括：
（1）收信人是李先生；
（2）感谢他为我们学校捐赠图书；
（3）结束语，表示期待未来的合作。

新闻稿和公告撰写： 在撰写新闻稿或公告时，可以使用"标题—导语—正文—结语"的结构来组织问题。

提问举例

❓ 请为我写一篇关于某公司新产品发布会的新闻稿，包括：
（1）吸引人的标题；
（2）概括性的导语；

（3）详细描述发布会过程、产品特点等；
（4）结语，表示对公司未来的期待。

学术论文和专业文章撰写： 在撰写学术论文或专业文章时，可以使用"引言—方法—结果—讨论—结论"的结构来组织问题。

提问举例

❓ 请为我写一篇关于人工智能在医疗领域应用的研究论文，包括：
（1）引言部分，介绍研究背景和意义；
（2）方法部分，描述研究方法和数据来源；
（3）结果部分，展示研究发现；
（4）讨论部分，对结果进行对比和深入探讨；
（5）结论部分，总结研究成果，并展望未来。

通过掌握这些针对不同场景的提问方法，我们可以更好地引导AI生成符合预期的内容，提高写作效率。只要掌握使用技巧，善于提问，就能让AI"小助手"更好地为我们服务，让写作变得更加简单和高效。

为了让大家快速了解并掌握应用AI写作的具体方法，本书分为6章，涵盖大部分职场、生活场景，可帮助我们用AI完成40多种文章的写作。

那么，现在就开启我们的AI写作之旅吧！

第 2 章
职场应用文写作

2.1 个人简历：在面试中脱颖而出

简历往往能体现一个人的专业水平、职业习惯、工作态度，它既是个人形象对外展示的窗口，更是求职面试的敲门砖。一份优秀的简历能在第一时间吸引面试官的注意，让面试者脱颖而出。

然而，很多人写简历时毫无头绪、不知从何下手，更不清楚如何展现自己，以获得面试官的青睐。

这时不妨借助 AI 写一份能充分展现自己优势、让面试官眼前一亮的个人简历。

可以按照以下思路引导 AI 生成简历。

第一步，赋予身份。 首先让 AI 认识到自己是一位资深面试官，接下来 AI 的回答才会更具针对性和专业性。

> 你是一位资深面试官，接下来你需要站在面试官的视角回复我的所有问题。

第二步，搭建框架。 在正式开始写简历之前需要搭建好简历的框架结构，这一步可以直接让 AI 完成。

> 请告诉我：一份优秀的个人简历需要包含哪些板块。

一份优秀的个人简历需要包含以下几个板块。

1. 个人信息：包括姓名、联系电话、地址、电子邮件等基本信息。

2. 职业目标：明确自己所申请的职位，突出自己的求职意愿和目标。

3. 教育背景：列出自己的学历、毕业院校和专业等。
4. 工作经历：按照时间顺序列出自己的工作经历，包括公司名称、职位、工作内容和业绩等。
5. 技能与能力：突出自己的专业技能、语言能力、计算机技能、沟通能力等。
6. 奖项与荣誉：列出自己获得的奖项、荣誉等，突出自己的成就。
7. 其他信息：如社会活动经历、爱好等，可以在适当的情况下加以突出。

第三步，填充信息。根据 AI 提供的简历框架填充个人信息，并且让它从资深面试官的视角提出具体改进建议。

> 很好，以下是我的相关信息，请你从资深面试官的视角，提出具体改进建议。
> 1. 姓名：张三……
> 2. 职业目标：微信公众号主编
> （更多信息，略）

第四步，生成简历。让 AI 用专业的语言生成简历，此时的提问最好有具体的要求。

> 请帮我生成一份个人简历。要求：简洁明了、易于阅读、有吸引力，能让我在面试中脱颖而出。

扫码并回复关键词"211"查看 AI 生成的完整信息

AI 可以生成一份结构清晰、内容完备的简历，并提供简历优化说明。

第五步，反馈迭代。 如果对 AI 修改后的简历还不满意，可以命令它继续优化。反馈时同样需要提出具体的要求。

> 很好，但还需要增加吸引力、提升专业性、突出工作业绩，请优化。

还可以让 AI 结合具体的岗位招聘需求，有针对性地优化简历。

> 我准备申请××互联网公司的××微信公众号主编这个岗位，请根据对方的岗位要求继续优化简历，让简历更具针对性和吸引力。
>
> 岗位职责：
>
> 1.带领编辑团队创作，提高团队的稿件质量；
>
> 2.搭建稿件库，提高投稿质量；
>
> 3.……
>
> 任职要求：
>
> 1.文字功底深厚，从事微信公众号编辑工作至少 1 年，写过爆文可加分；
>
> 2.文采飞扬的"段子手"、脑洞大开的策划大咖优先；
>
> 3.……
>
> （更多信息，略）

扫码并回复关键词"212"查看 AI 生成的完整信息

注意事项

1. 提问前可以赋予 AI"资深面试官""专业简历优化人"等身份,以此让它提供更专业的指导建议并生成优秀的个人简历。
2. AI 在优化简历时可能会根据收到的信息,夸大、扩写一些内容,请注意核对、甄别和修改,以免出现简历造假的情况。
3. 利用 AI 生成文字版简历后,还需要通过 Word/PPT/Photoshop 等软件对简历进行排版及美化,最终得到一份令人惊艳的个人简历。
4. 在编写简历时,需要注意板块顺序和排版,确保简洁明了、易于阅读。同时,要根据申请岗位的不同,调整和突出相应的内容,让简历更具针对性和吸引力。

更多指令参考

1. 你是一位资深面试官,每天要浏览上千份简历,那些让你眼前一亮的简历都具备哪些特征?
2. 你是一位简历评审员,以下是我的简历,请提供一些优化建议。
3. 我是小区物业工作人员,工作经历很普通,写不出亮点。请帮我具体描述这份工作的价值。
4. 请用 STAR 法则,帮我把以下工作经历改写成标准的简历格式。STAR 指情境(situation)、任务(task)、行动(action)、结果(result)。
5. 请帮我优化工作经历,并增加一些量化表达,让简历更具体、更有说服力,同时让面试官更直观地了解我的价值。

2.2 演讲稿：让观众印象深刻

职场上需要演讲的场合非常多，小到会议发言、员工培训，大到产品推广、资源申请、招商引资。

一篇好的演讲稿可以增强演讲者的自信心和表现力，帮助演讲者更好地表达观点、传达信息，让演讲更加精彩、更具有说服力，给观众留下更加深刻的印象。如果缺乏撰写优秀演讲稿的经验，可借助 AI 强大的写作能力生成演讲稿。

可以按照如下思路引导 AI 生成演讲稿。

第一步，询问所需信息。 写演讲稿是一项比较复杂和有挑战性的任务，如果不清楚 AI 需要哪些信息，可以直接向它提问。

❓ 请帮我写一篇演讲稿，你需要我提供哪些信息？

> 非常感谢您的信任，我可以为您撰写演讲稿。为了写出更加贴合您需要的演讲稿，以下是我需要了解的一些信息。
>
> **1. 演讲主题：** 您需要讲述哪一主题？
>
> **2. 受众群体：** 您的演讲对象是谁？请提供他们的背景、年龄、职业等信息。
>
> **3. 演讲时间：** 您的演讲需要控制在多长时间内？
>
> **4. 演讲场合：** 您的演讲是在哪种场合？例如会议、庆典、招聘面试等。
>
> **5. 您想要表达的信息：** 您希望通过这次演讲向观众传达什么信息？您想要让观众收获什么？

6. **您的演讲风格**：您希望的演讲风格是什么样的？例如幽默、慷慨激昂、平静沉着等。

7. **您的个人经历或故事**：如果您想要加入个人经历或故事来丰富您的演讲内容，我也需要了解这些信息。

了解以上信息可以让我更好地为您撰写演讲稿，期待为您服务。

第二步，确定主题。 提供背景信息，明确演讲主题。

> 我需要作为优秀员工代表，在"优秀员工表彰大会"上做一场演讲，请给我提供一些演讲主题。
> 要求：振奋人心、鼓舞士气；每个主题控制在20个字以内。

当面对这样的演讲时，您可以考虑以下几个主题。

1. **挑战突破**：在困难面前永不言败。
2. **团队合作**：众志成城，共创辉煌。
3. **持续创新**：追求卓越，不断超越自我。
4. **热情服务**：以客户为中心，心无旁骛。
5. **智慧领导**：以身作则，引领未来发展。

如果 AI 提供的主题没有合适的或无法启发灵感，可以继续命令它生成更多主题，从中筛选、提炼出所需主题。

> 请再给我一些主题。

第三步，完善信息，生成演讲稿。 补充相关信息，让 AI 生成演讲稿。

> 请帮我写一篇演讲稿，以下是相关信息。

演讲人：作为"优秀员工代表"的我
演讲主题：《同心协力，开创美好未来》
受众群体：公司同事
演讲时间：3分钟
演讲场合：优秀员工表彰大会
演讲风格：慷慨激昂

尊敬的领导、亲爱的同事们：
大家好！作为一名优秀员工代表，今天我非常荣幸能够在这里为大家演讲。我的演讲主题是《同心协力，开创美好未来》。
…………
扫码并回复关键词"221"查看AI生成的完整信息

AI生成的演讲稿结构完整、内容丰富、适用范围广泛，但缺乏一些个性化的内容。

第四步，反馈迭代。继续向AI发送指令，让它不断优化演讲稿。

❓ 语言不够振奋人心，请优化。

- 还需要突出总经理和领导A、领导B、同事C对我的帮助和支持。

注意事项

1. 提问时需要向 AI 提供详细的背景信息，如时间、地点、人物、事件等，以便更好地和 AI 对话。
2. AI 每一次回复的内容有字数限制，在生成演讲稿等长文案时可能会遇到戛然而止的情况，这时只需发送"继续"，AI 就能继续完成回复。
3. AI 根据指令生成的内容可能和实际情况有出入，请注意甄别和修改。
4. 即便收到同样的指令，AI 每次回复的内容也不完全相同，因此可以借助 AI 生成多篇演讲稿，选取其中的优质内容，加入自己的内容，整合成一篇令人满意的演讲稿。

更多指令参考

1. 领导让我帮他准备一篇 5 分钟的演讲稿，主要内容是向合作伙伴介绍我们公司的 ×× 产品，请为我提供演讲稿的大纲。
2. 请帮我写一段演讲开场白，主题是《领导力：如何成为一个成功的领导者？》，要求：用一个引人入胜的故事激发观众的兴趣，文风幽默俏皮。
3. 我加入公司已经两个月了，即将通过试用期考核，成为一名正式员工，关于入职演讲你有哪些建议？
4. 我是 ×× 项目负责人，我需要在公司年会上针对完成的项目做一次总结发言，以下是相关信息：

…………

请帮我用英文写一篇演讲稿。

2.3 工作总结：无须抓耳挠腮

工作总结对团队和个人都有重要的意义和价值，它能提高团队的沟通效率，让领导更好地评估工作进展情况，也能展示个人工作成果，并为下一步工作提供参考和方向。

但是，想要写出优质的工作总结，往往需要花费大量的时间和精力对项目或工作进行全面的梳理和分析，这非常考验一个人的分析能力、总结能力和语言组织能力。

如果想要提升写工作总结的效率，不妨让 AI 快速梳理工作、组织语言。下面提供两种思路。

思路一：

第一步，确定框架。 告知 AI 工作总结的背景信息，如汇报人、汇报对象、汇报主题等，然后让 AI 生成框架。

如果 AI 生成的框架不符合需求，可以要求 AI 重新生成，直到获得满意的总结框架。

> ❓ 我需要向领导和同事汇报 3 月份个人设计工作的完成情况，请给我一个工作总结的框架。

以下是一个针对个人设计工作的工作总结框架，供您参考。

一、概述

总结的目的，总结包括几部分内容。

二、工作进展情况

完成的项目/任务、进行中的项目/任务、未完成的项目/任务。

三、问题和项目风险

已解决的问题、未解决的问题、需要注意的风险。

四、下一步工作计划

完成的项目/任务的进一步计划、进行中的项目/任务的进一步计划、未完成的项目/任务的进一步计划。

五、个人工作表现评估

工作态度和效率、技能和经验积累、个人成长和发展。

六、感谢和致辞

对领导和同事的感谢,致辞和结束语。

这是一个简单的工作总结框架,您可以根据具体情况对其进行适当调整和补充。希望对您有所帮助!

第二步,填充信息,生成总结。根据 AI 提供的框架填充相关信息,给出具体要求,让它生成总结。

> 根据你提供的框架,我完善了相关信息,请为我生成一篇工作总结。要求:语言规范简洁,突出我的优点和成绩。
>
> (完善的信息,略)

第三步,反馈迭代。继续发送修改指令,让 AI 不断优化工作总结。

思路二:

第一步,训练 AI。通过循序渐进地提问,让 AI 充分了解如何撰写一篇优秀的工作总结。

❓ 请给我一些工作总结的写作技巧和建议。

● 请提供一些工作总结常见的错误和如何避免它们的建议。

● 请给我一些关于工作总结撰写的实用例子,以便我更好地了解如何写好工作总结。

第二步,提出需求,生成总结。 在提出需求时,可以明确告知 AI 工作进展情况、下一步工作计划等信息,让 AI 更有针对性地回复。

❓ 很好,请遵循以上技巧和建议,帮我写"3月份个人设计工作总结",包含以下内容:
(工作进展情况、下一步工作计划等,略)

> 好的,以下是一篇可以参考的工作总结示例,供您参考:
> 一、项目完成情况
> 1.1 项目 1 名称
> 在 3 月份,我完成了项目 1 的设计工作。主要工作包括收集用户需求、进行竞品分析、制订产品设计方案、绘制流程图和原型图等。最终,我按照计划在 3 月底完成了项目交付,用户对产品给予了高度评价。
> ············
> 扫码并回复关键词"231"查看 AI 生成的完整信息
>
>

第三步,反馈迭代。 针对总结中的细节、行文风格等提出修改建议,最终得到一篇优质的工作总结。

注意事项

1. AI 每次生成的内容略有不同。可多次生成，挑选优秀的内容进行整合，从而获得一篇不错的工作总结。
2. 通过循序渐进地提问，让 AI 了解什么是优质的工作总结，再发送具体指令让它生成内容。

更多指令参考

1. 你现在是一位部门管理者，请写一篇年度工作总结，突出团队协作和凝聚力，字数约为 1000。
2. 我需要汇报今年第一季度的个人设计工作的完成情况，汇报思路是什么呢？
3. 请优化你之前对优质工作总结特征的回复，让它更详尽和具体。
4. 这篇总结中还需要突出我的个人贡献，请优化。

2.4 创意策划：让你不断拥有金点子

无论从事什么行业，金点子都是非常重要的，它们可以帮助创作者提升效率、解决问题、提高业绩，并在激烈的市场竞争中脱颖而出。

问题是，当创作者需要一个好的创意时，可能会没有灵感。有时还需要深入了解某个领域，进行一些调查和研究才能有好的创意。

现在可以借助 AI 快速获得灵感和创意，并且它还能帮助创作者从不同角度思考问题，产生更多的创意。

可以按照如下思路引导 AI 生成创意。

第一步，确认思路。通过提问的方式，确认生成创意的思路和方法。

❓ 如何生成有创意的点子？

扫码并回复关键词"241"查看 AI 生成的完整信息

AI 提供了一些常用方法，例如，头脑风暴、逆向思维、多角度思考、调研分析等，并给出了具体做法和相关建议。

第二步，提出需求。提出创意策划的背景和具体要求。

❓ 请根据以上方法，帮我策划一些适合在公司年会上表演的节目，要求：有创意、有趣。

好的，以下是一些适合在公司年会上表演的节目。
1. "变脸秀"：可以请一位专业的川剧变脸表演者到现场，让他为观众表演变脸。
2. "音乐人类"：将现场的观众分为不同的小组，每个小组使用一种乐器,如钢琴、小提琴等,让观众一起合奏一首歌曲。

3. "美食大赛":可以请几位擅长烹饪的员工,来一场现场的烹饪比赛。评委可以是公司领导,评选出哪位员工的美食最具创意、最好吃。

4. "脑筋急转弯":准备一些脑筋急转弯的题目,邀请员工进行答题比赛,考验他们的智商和反应速度。

5. "动作大师":请一位舞蹈老师或健身教练,在现场教授一段简单的舞蹈或健身操,让员工们跟着学习,增强团队活力。

6. "才艺大比拼":邀请员工展示自己的才艺,如唱歌、跳舞、演奏乐器等,进行现场评选,选出最有才华的员工。

7. "艺术展览":为员工们提供一个平台,让他们展示自己的绘画作品、摄影作品或手工艺作品,现场进行展览和评选。

以上是一些可能的公司年会表演节目,可以根据实际情况进行调整和修改。希望能够帮到您。

如果觉得 AI 生成的节目数量还不够,可以命令它继续。

❓ 继续。

● 请再给我 5 个节目。

第三步,筛选创意。让 AI 按照具体需求,对它所生成的创意进行筛选。

❓ 请帮我从以上节目中筛选出 5 个互动性强的节目。

扫码并回复关键词"242"查看 AI 生成的完整信息

第四步，拓展创意。 让 AI 继续拓展创意或生成具体的策划方案，最终得到想要的创意策划。

❓ "音乐人类"这个节目看起来不错，请根据它再拓展一些创意节目。

● 我喜欢"音乐人类"这个节目，请为我提供一份详细的策划方案。

注意事项

1. 可以与 AI 进行互动，向它提出一些问题或描述一些情境，并根据 AI 的回答进一步提出问题，以此探索更多的创意和思路。
2. 在使用 AI 生成创意时，需要根据实际情况进行判断和筛选，以确保生成的创意符合实际需求，并具有可行性。

更多指令参考

1. 请根据关键词：环保、健康饮食，生成一些相关的创意灵感。
2. 如何提高公司的销售额？请为我提供一些有创意的方法和思路。

2.5 沟通话术：让团队沟通更顺畅

好的沟通话术可以帮助创作者与同事、领导或客户建立良好的关系并实现共同目标，还可以帮助创作者更快地解决问题、减少低效的沟通，从而提高团队的工作效率和生产力。

反过来，糟糕的沟通话术可能会导致信息不清晰、不准确或不完整，从而引起误会、降低团队的工作效率。

如果在沟通时不知道怎么说，可以让 AI 辅助生成特定场景下的职场沟通话术。可参考以下思路引导 AI。

第一步，提供建议。让 AI 了解写沟通话术的注意事项，同时便于在接下来的提问中描述沟通话术的具体要求。

❓ 请提供一些职场沟通话术的建议。

扫码并回复关键词"251"查看 AI 生成的完整信息

AI 提供的建议有：表达简洁明了、善于倾听、采用肯定性语言、用适当的方式表达意见等，并针对每一点建议展开描述，便于理解。

第二步，提出问题。只需提供对话内容，就能让 AI 生成回复话术。

❓ 领导对我说"辛苦了",我该怎么回复?

> 你可以回复以下内容:
> 谢谢您的关心,我会继续努力工作的。
> 这个回复礼貌、简洁明了,同时表达了感谢之情,并且强调了自己会继续努力工作的态度,展现了积极进取的精神。同时,这也是一种表达对领导关心的回应,表明你受到了领导的关注,会更加努力工作。

第三步,补充信息。如果 AI 的回复不够具体,可以给 AI 提供具体对话场景和要求。

❓ 和团队一起熬夜加班完成工作后,领导对我说"辛苦了",我该怎么回复?回复要求:礼貌、简洁明了,表达感谢之情。

> 你可以回复以下内容:
> 非常感谢您的关心,这是我们团队共同努力的结果。
> 这个回复礼貌、简洁明了,同时表达了感谢之情,并且强调了团队的合作精神,展现了你对团队贡献的认可。同时,这个回复也可以让领导感到你不是个人英雄主义者,而是重视团队合作的人。

第四步,生成更多回复。让 AI 生成更多回复,选择最合适的沟通话术。

❓ 请给我提供更多回复建议。

> 当然,你也可以根据具体情况进行回复。以下是一些回复建议。
> **1.** 非常感谢您的夸奖,这让我非常受鼓舞。
> **2.** 感谢您的关注和支持,我会一如既往地努力工作。

3. 非常感谢您的鼓励,这将成为我不断进步的动力。

无论采用哪种回复,都要确保礼貌、简洁明了,并表达对领导的感激之情。

注意事项

1. 职场沟通中能用到 AI 生成沟通话术的场景非常多,例如:要求 AI 生成在职场沟通中常用的短语或句子,如提出建议、表达谢意等;询问 AI 在不同情境下如何进行职场沟通,如怎样向上级领导汇报工作、处理与同事的冲突等;询问 AI 如何与不同类型的人群进行沟通,如怎样向客户进行推销、向下属传达指令等;询问 AI 如何发送邮件或短信,如怎样在邮件中表达感谢、在短信中传达紧急情况等。

2. AI 虽然具有强大的自然语言处理能力,但它仍然是一种人工智能,缺乏人的感情,因此它在生成沟通话术时可能会出现错误的情况,请注意辨别、修改。

更多指令参考

1. 请帮我写一段发给领导的信息,要求委婉、有理有据地表达"我不想加班"。

2. 我和同事小 A 关于 ×× 项目发生了争执,当时我的言辞有些激烈,现在我想向他道歉,请给我提供一些沟通话术参考。

3. 下属最近工作压力很大,有情绪想离职,请帮我写一段沟通话术安抚他。要求:晓之以理,动之以情。

2.6 商业计划书:展现核心竞争力

几乎所有的商业活动都需要撰写商业计划书,用于向投资者展示公司的发展计划和潜力,以获得资金支持。

撰写商业计划书需要拥有多方面的经验和知识,如市场调研、竞争分析、财务规划等。这时利用 AI 编写商业计划书可以大大提高工作效率,AI 能够快速生成模板和建议,并提供准确有用的信息。

以下有两种思路供参考。

思路一:

第一步,确定结构。

> 请给我一些《儿童玩具零售商业计划书》的示例结构。

好的,以下是一个《儿童玩具零售商业计划书》的示例结构。

1. **概述**:介绍您的儿童玩具零售业务的概况,包括业务模式、市场定位和目标客户。
2. **市场分析**:分析您的目标市场,包括竞争对手、市场趋势、消费者需求等。
3. **产品和服务**:详细介绍您的产品和服务,包括产品种类、品牌、价格、质量等方面。
4. **营销策略**:详细描述您的营销策略,包括促销活动、广告宣传、促销渠道等方面。
5. **经营计划**:包括资金预算、人员配备、进货渠道等方面,展示您的经营计划和经营目标。

6. 风险分析：分析可能的风险和挑战，制订应对策略，确保业务顺利进行。

7. 财务预测：详细预测您的财务状况，包括成本、收入、利润、现金流等方面。

以上是一个基本的商业计划书结构示例，您可以根据实际情况进行调整和修改，以更好地反映您的业务需求和目标。

第二步，不断追问。针对框架结构中的每一点，不断向 AI 提出具体的问题，让它生成对应的内容。

> 请阅读以下关于儿童玩具的市场调研和分析报告，帮我分析目标市场。
>
> （市场调研和分析报告，略）

扫码并回复关键词"261"查看 AI 生成的完整信息

AI 提供了不少关于目标市场的分析作为参考，有了这些参考，我们的写作效率可以大幅提升。

继续追问，直到完成这份商业计划书的全部内容。

> 我应该如何制订营销策略和经营计划？
> - 如何确定公司的组织结构和管理团队？
> - 如何编写商业计划中的财务预测部分，包括收入预测、支出

预测和利润预测?

- 如何评估商业计划的可行性和风险?
- 如何吸引投资者或其他融资来支持我的商业计划?

第三步,完善内容。命令AI根据以上回答生成一份商业计划书。

❓ 很好,请根据以上回答,帮我生成一份《儿童玩具零售商业计划书》。

第四步,补充注意事项。让AI补充一些写商业计划书的注意点和禁忌,以方便接下来的审核与修改。

❓ 写商业计划书还有哪些注意点和禁忌?

扫码并回复关键词"262"查看AI生成的完整信息

AI对注意事项进行了详细的盘点和分析,如避免虚假宣传和夸大事实,充分考虑市场分析和风险分析等,这些注意事项有助于写出一份优质的商业计划书。

思路二:

第一步，提供背景信息和需求。 给 AI 提供充分的背景信息，让它生成一份商业计划书。背景信息一般包括项目定位、市场痛点、竞争对手、产品服务、团队优势等。

> ❓ 请帮我写一份《儿童玩具零售商业计划书》，以下是相关信息。
> 项目定位……
> 市场痛点……
> （具体内容，略）

第二步，反馈迭代。 继续发送具体的修改指令，让 AI 不断优化商业计划书。

注意事项

1. AI 输出的内容是基于大量数据的统计结果，AI 在处理复杂的商业问题时可能会生成不准确的回复。需要谨慎处理 AI 生成的结果，最好结合人工审查和修改。
2. 商业计划书通常需要包含大量的具体信息和细节。在有些情况下，AI 可能无法理解某些行业特定的术语或概念，提问时需要对概念进行解释和描述。
3. 在使用 AI 编写商业计划书时，需要注意数据保密和安全。

> **更多指令参考**
>
> 1. 我应该如何开始制订商业计划？
> 2. 商业计划书的典型结构是什么？
> 3. 商业计划书写多少页最合适？
> 4. 商业计划书中的市场分析和市场调研应该如何进行？
> 5. 如何制订营销计划和品牌策略？
> 6. 如何制订可行的商业模式？
> 7. 请给我提供一些关于××行业的市场调研和分析报告，并附上相关链接。

2.7 通知：高效传达信息

通知是企业、组织或团体向员工或成员发布信息的一种方式。

一份好的通知可以快速传递信息，从而提升效率，促进团队合作，保持行动和决策一致。

因此，在发布通知时需要特别注意内容的准确性、明确性和全面性。可以让 AI 协助写通知以提高准确性、提升效率，节省公司运营成本。

引导 AI 生成通知的思路如下。

第一步，确定框架。 通过提问，确定通知将按照怎样的框架来写，需要包含哪些内容。

❓ 请问《春节放假通知》需要包含哪些内容？

> 一份完整的《春节放假通知》应该包含以下内容。
> **1.** 公司名称和 Logo
> **2.** 通知标题：如《关于 2024 年春节放假的通知》
> **3.** 发布时间：通知发布的日期
> **4.** 放假时间：春节放假的开始日期和结束日期
> **5.** 工作安排：如何安排假期前后的工作
> **6.** 联系方式：公司负责人或相关部门的联系方式，以便员工有任何疑问或需要咨询时可以及时联系
> **7.** 祝福语：可以适当表达公司对员工的关心和祝福
> 同时，通知应该以清晰、简明的语言表述，避免使用过于复杂或含糊不清的措辞。通知的格式可以根据公司的要求进行调整，但是要注意保持整体的风格统一，符合公司的形象和文化。

如果 AI 提供的框架有待完善，可以继续命令它修改。

❓ 有些复杂，请简化。需要包含放假时间、放假期间的工作安排，开头结尾需要祝福语。

第二步，生成通知。 确定框架后，让 AI 据此生成通知的内容。

❓ 请根据以上框架，帮我生成一份《2024 年春节放假通知》。

扫码并回复关键词"271"查看 AI 生成的完整信息

第三步，反馈迭代。 检查通知内容，根据情况为 AI 提供反馈，并让其进行修改迭代，以下为提问示例。

❓ 开头缺少祝福语，可加入诗词让通知更有人情味。

- 放假时间不对，应为：2024 年 2 月 5 日至 2024 年 2 月 18 日。除夕时间不对，应为 2024 年 2 月 9 日。请修改。

注意事项

1. 虽然 AI 可以根据框架结构组织语言，从而生成通知，但它缺乏人类的情感、思考和判断，可能导致通知缺乏人性化的表达，需要反复提醒它或者直接动手修改。
2. AI 生成的通知可能缺乏针对性，还需要进行适当的修改调整。

更多指令参考

1. 请给我提供一些通知的格式和样式。
2. 通知的发布流程是怎样的？
3. 我对通知有特殊格式要求，请按我给出的格式修改。
4. 以下是我写的通知初稿，请帮我生成一份清晰、准确、合理的通知。

2.8 商业信函：快速建立信任

商业信函常用于与客户、供应商、合作伙伴或其他业务联系人之间的沟通，有助于达成合作、完成商业交易。

写商业信函时，结构、内容、语气、风格都需要遵循一定的规范，否则可能会影响公司的信誉和形象，浪费时间、金钱和人力资源，错过商机甚至破坏和客户之间的关系。

这时只需向 AI 提供相关信息，它就能自动生成一份准确、专业的商业信函。

可参考的思路如下。

第一步，确定类型。 商业信函有多种类型，例如询问型、回复型、邀请型、感谢型等。在向 AI 提问之前，需要确定商业信函的类型。

> 我需要一份邀请型商业信函。如果你理解了，回复"理解"即可。

第二步，确定受众。 商业信函的受众通常有客户、供应商、合作伙伴等，告知 AI 受众的同时，可以提供更多有关受众的信息。

> 这份商业信函的受众是潜在客户，我希望商业信函的开头就能激发受众的兴趣和好奇心，让他们对公司和产品产生信任感和兴趣。
> 如果你理解了，回复"理解"即可。

理解。在这种情况下,您需要一份引人入胜的商业信函,可以通过吸引人的开头和有效的营销文本来吸引潜在客户的注意力。

第三步,确定目的。 明确写作目标,同时可以附上写作要求。

> 这份商业信函的目的是邀请收件人体验一款全新的产品,并提供反馈和建议,以便改进和优化产品。
> 写作要求:清晰地传达公司和产品的信息,强调产品的优势和特点。
> 如果你理解了,回复"理解"即可。

第四步,补充信息。 向 AI 提供更多生成商业信函所需的必要信息,如公司名称、联系方式、产品介绍等。如果已经有一份商业信函草稿,可以发送给 AI 作为补充资料。

> 以下是我写的一份商业信函草稿,供你参考。如果你理解了,请回复"理解"。
>
> (商业信函草稿,略)

第五步,生成内容。

> 现在你已经理解了以上信息和我的需求,请为我生成一份商业信函。

扫码并回复关键词"281"查看 AI 生成的完整信息

秋叶®

AI学习交流群

AI爱好者的学习&交流&创作集中地

AI办公 | AI写作 | AI绘画 | AI剪辑

这里有

交流圈子 · 海量教程 · 工具大全
行业动态 · 最新玩法 · 定期公开课

扫描下方二维码，即可免费加入！

限时有效 请尽快加入

AI学习交流群

加入即可免费领取保姆级手册

《ChatGPT操作手册》
《Midjourney操作手册》
《Stable Diffusion操作手册》

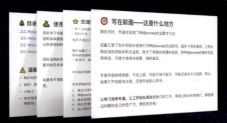

扫描下方二维码,即可免费加入!

限时有效 请尽快加入

之后可以继续反馈迭代,最终生成一份令人满意的商业信函。

注意事项

1. 商业信函通常有一些标准的格式和规范。AI 虽然能够辅助生成文字内容,但是无法完成更为精细的排版工作,还需人工优化排版。
2. 商业信函需要关注受众的情感和需求,而 AI 可能无法完全考虑这些因素,AI 生成的商业信函可能会不够人性化,需要进一步修改。

更多指令参考

1. 商业信函需要包含哪些信息?
2. 请给我一份商业信函范例。
3. 怎样写出一个吸引人、清晰明了的商业信函开头?
4. 写商业信函需要注意哪些礼节方面的问题?
5. 如果需要跟进受众的反馈,应该采取怎样的行动?

2.9 面试题库：让你秒变专业面试官

使用面试题库，招聘者可以快速评估应聘者的能力、经验和素质，能在确保面试公正性的前提下提高面试效率，展现公司的专业性和实力。

在编写面试题时，招聘者除了要根据招聘职位有针对性地设计面试题目，还要综合评估应聘者的价值观、工作态度和沟通能力等多个方面，并评估其创新思维、发散性思维。

可以参考以下思路向 AI 提问，从而生成一份专业的面试题库。

第一步，确定类型。确定面试题有哪些类型。

❓ 面试题有哪些类型？

> 以下是几种常见的面试题类型。
>
> **1.** 技术问题：主要针对应聘者的技能和知识，考查其在技术领域的能力和熟练程度。例如，针对软件开发岗位的面试题可能包括算法题、编程题、数据库设计等。
>
> **2.** 行为问题：主要考查应聘者的个人素质、工作态度和解决问题的能力。例如，针对管理岗位的面试题可能包括领导力问题、决策问题、人际关系问题等。
>
> **3.** 案例问题：主要考查应聘者的实际工作经验和解决问题的能力。例如，针对市场营销岗位的面试题可能包括市场分析问题、竞争分析问题等。

4. 谈话问题：主要考查应聘者的口头表达能力和交际能力。例如，针对销售岗位的面试题可能包括自我介绍、销售技巧、沟通技巧等。

5. 情景问题：主要考查应聘者在面对复杂情况时的反应和解决问题的能力。例如，针对客服岗位的面试题可能包括客户投诉处理、疑难问题解决等。

需要注意的是，不同行业和岗位需要的面试题类型也不同，面试题的类型应该根据岗位要求和目标来确定。同时，面试题的设计应该结合具体的场景，包含细节，确保能够有效地评估应聘者的能力、经验和素质。

第二步，生成题目。根据不同的面试题类型，批量生成面试题目。在提问前赋予 AI 一个面试官的身份，直接告诉它"你是××职位的面试官"，这样能够让它接下来的回复更具专业性和针对性。

> 你现在是产品经理这一岗位的面试官，你十分了解产品经理的岗位要求和目标。请分享在面试产品经理候选人时会问的 10 个案例类问题。

好的，以下是 10 个我会在面试产品经理候选人中问到的案例类问题：

1. 请描述一个您曾经负责的项目，您是如何制订产品策略，并在市场上取得成功的？

2. 请分享一款您曾经设计的产品，您是如何确定用户需求，并将其转化为实际的产品功能的？

…………

10. 请分享一个您曾经为提高产品用户留存率而采取的策略，您是如何分析用户数据，并进行相应的优化的？

其他类型的面试题也可以按照同样的方式进行提问。

❓ 请分享在面试产品经理候选人时会问的 10 个技术类问题。

● 请分享在面试产品经理候选人时会问的 10 个行为类问题。

第三步，拓展题目。 可以命令 AI 生成更多的面试题目，再从中进行筛选。

❓ 请再给我 10 个面试题。

● 请针对这个面试题：……提供一些可以用来追问的问题。

第四步，整合梳理。 筛选出所需要的面试题，整理成为面试题库后，还可以向 AI 咨询一些编写面试题的建议和注意事项，进一步提高面试题库的质量。

❓ 请给我一些编写面试题的建议和指导。

● 编写面试题有哪些注意事项？

注意事项

1. AI 不能像人类一样进行主观判断，因此它可能会提供一些不够准确的答案，而这些答案可能会影响到面试官对面试者的评估，需要注意甄别。
2. 编写面试题还需要结合自身的经验和洞察力，以及特定公司和行业的需求，因此不要过度依赖 AI。

3. 面试题可能会包含一些与面试者相关的信息，在向 AI 提问时需要注意保护面试者的隐私。

更多指令参考

1. 你现在是 ×× 公司 ×× 岗位的面试官，请分享在面试 ×× 岗位候选人时常问的 10 个问题。
2. 数据分析岗位有哪些经典面试题？
3. 请给我一些有创意的并且能筛选人才的面试题。
4. 你提供的面试题太长了，请精简。

2.10 会议邀请函：简洁大方有诚意

会议邀请函常用于邀请个人或组织参加研讨会、培训或商务活动等。好的会议邀请函可以清晰、准确地传达会议的基本信息，激发受邀者的兴趣和积极性，同时可以展现主办方的专业素养。

问题是，在写会议邀请函时需要考虑多方面的因素，例如，如何确保内容的准确性，如何使语言简练得体，如何设计排版等，任何一个小错误都可能带来不必要的麻烦和误解。这时不如借助 AI 撰写会议邀请函。

可以按照以下思路引导 AI 生成邀请函。

第一步，询问所需信息。 直接向 AI 提问，确定会议邀请函需要包含哪些信息。

❓ 在你帮我写一份会议邀请函之前，我需要向你提供哪些信息？

> 以下是您需要提供给我的基本信息：会议名称、会议时间和地点、受邀人员、会议议程、特别提示、联系方式。

第二步，提供信息。 根据实际需求，对 AI 提供的基本信息进行增减。

❓ 好的，以下是我提供的基本信息，请帮我写一份会议邀请函。
（会议名称、会议时间和地点等略）

扫码并回复关键词"2101"查看 AI 生成的完整信息

第三步，询问修改建议。 如果不清楚该从哪些方面优化会议邀请函，可以直接询问 AI。

❓ 我希望邀请函简洁大方、有诚意，你还有哪些建议？

扫码并回复关键词"2102"查看 AI 生成的完整信息

第四步，反馈迭代。根据 AI 提供的修改建议，对它生成的邀请函进行反馈迭代。

> 请按以下要求进行修改。
> 1. 语气需要更真诚、友善，让受邀者感受到我的热情。
> 2. 请强调会议的重要性和参加会议的好处，让受邀者更有动力参加。
> 3. 请突出受邀者的重要性，让受邀者感到被重视和尊重。

扫码并回复关键词"2103"查看 AI 生成的完整信息

注意事项

1. AI 在生成表达期望和感谢的内容时，用词可能比较生硬，需要人工修改。
2. AI 提供的会议邀请函范例不一定适用于中文语境，如果有更好的范例，可以发送给它作为参考和模板。

更多指令参考

1. 如何写一份措辞简洁、明确、庄重的会议邀请函？
2. 在写会议邀请函时需要注意哪些事项？
3. 您能给出一些常用的会议邀请函范文吗？

2.11 会议发言：逻辑清晰显水平

在会议中难免遇到需要发言的情况，无论是汇报工作还是表达观点，好的发言简洁明了、逻辑清晰，能够体现发言者的思维逻辑水平和语言表达能力。

不过，很多人可能缺少会议发言的经验，或是不清楚如何吸引听众的注意力、没有时间提前准备和完善会议发言稿。

可以尝试用AI生成会议发言稿以完成一次高质量的发言。以下思路可供参考。

第一步，交代背景。让AI了解此次发言的背景信息，如主题、发言人、听众、场合、时间等。

> 我是销售部门的主管，我需要在周一早上的新员工培训会上进行3~5分钟的发言。如果你理解了，请回复"理解"。

第二步，生成框架。可以让AI提供发言稿的内容框架。

> 现在我需要写一份"新员工入职培训发言稿"，主要包含哪些内容？

您好！作为销售部门的主管，在新员工入职培训会上发言，以下是一些可以包含在您的发言稿中的内容：
欢迎辞、公司介绍、部门介绍、岗位职责、团队文化、培训计划、福利待遇、成长机会、期望和建议。

> 以上是一些可以包含在您的发言稿中的内容，希望对您有所帮助。祝您的发言圆满成功！

第三步，优化框架。 如果 AI 提供的框架有待完善，可以给出具体的修改指令，并补充相关信息。

❓ 我希望我的发言稿包含以下内容。
公司介绍：……
部门介绍：……
团队文化：……
期望和建议：……
发言稿的重点：如何让自己更快地适应公司的文化和工作环境。
如果你理解了，请回复"理解"。

> 我理解您的要求，需要在发言稿中包含公司介绍、部门介绍、团队文化、期望和建议等内容，并强调如何更快地适应公司的文化和工作环境。

第四步，生成发言稿。

❓ 很好，请帮我按上述内容要求，写一份"新员工入职培训发言稿"。要求：800 字以内，重点突出，语言简洁，逻辑清晰，有感染力，生动形象，互动感强。

扫码并回复关键词"2111"查看 AI 生成的完整信息

第五步，反馈迭代。 可以继续向 AI 提出具体的修改指令，也可以自行修改 AI 生成的发言稿。

> **注意事项**
>
> 1. AI 单次生成的内容有字数限制，在生成长文案时可能会突然中断回复，这时只需发送"继续"，AI 就能继续完成回复。
> 2. AI 生成的内容可能缺乏针对性，注意根据实际情况修改会议发言的内容，以确保其符合特定场合及听众的需求。
>
> **更多指令参考**
>
> 1. 撰写会议发言稿有哪些注意事项？
> 2. 请给我一些关于 ×× 主题的会议发言稿案例。
> 3. 发言稿语气要求：诚恳、温和。请修改。

2.12 会议纪要：领导看了都点赞

职场人经常需要开各种会议，一份好的会议纪要可以清晰、准确地记录会议的内容，还可以让未参加会议的人了解会议内容，防止工作遗漏和重复，提高工作效率。

在撰写会议纪要时需要遵循很多标准，例如统一的格式和风格、包含必要的信息、简单明了的语言等，这时可以利用 AI 辅助生成会议纪要。

思路一：

第一步，获取模板。 向 AI 提问，获得一份标准的会议纪要模板。

❓ 请给我一份标准的会议纪要模板。

以下是一份标准的会议纪要模板，您可以根据需要进行自定义。

会议主题：[会议主题]

会议日期：[会议日期]

与会者：[与会者姓名]

主要议题	讨论内容
[议题一]	[结论一]
[议题二]	[结论二]
[议题三]	[结论三]

行动项：

行动项	负责人	截止日期
[行动项一]	[行动项一负责人]	[行动项一截止日期]
[行动项二]	[行动项二负责人]	[行动项二截止日期]
[行动项三]	[行动项三负责人]	[行动项三截止日期]

会议结束时间：[会议结束时间]

下一次会议：[下一次会议时间和议题]

备注：[会议备注]

希望这份模板可以帮助您写出一份清晰、简洁的会议纪要。

第二步，修改模板。 根据个性化需求对模板进行修改。

> 请按以下要求进行修改：
> 把"讨论内容"改为"结论"；用表格的形式呈现会议纪要。

扫码并回复关键词"2121"查看 AI 生成的完整信息

第三步，生成内容。 按照模板框架补充相关信息，命令 AI 生成会议纪要。

> 以下是会议相关信息，请帮我生成一份会议纪要，同样需要用表格的形式呈现。
> （会议内容，略）

第四步，反馈迭代。 向 AI 发送更多指令，让它优化及修改会议纪要。

> 请简化会议结论。
> - 请删去"××"等复杂的行业术语。

思路二：

第一步，提交草稿。 如果已经有了一份会议纪要的草稿，可以直接发送给 AI。

❓ 以下是我的会议纪要草稿，请仔细阅读。如果你理解了，只需回复"理解"。

（会议纪要草稿，略）

第二步，寻问修改建议。让 AI 针对会议纪要提出修改建议。这时可以给它赋予"职场人"或"领导者"的身份，使它的回复更具专业性和针对性。

❓ 请站在专业职场人的视角，对我写的会议纪要提出修改建议。

第三步，修改内容。命令 AI 修改会议纪要内容。

❓ 请根据你提出的建议，对我的会议纪要进行修改。要求：精简内容，按标准的会议纪要模板进行排版。

扫码并回复关键词"2122"查看 AI 生成的完整信息

第四步，反馈迭代。如果会议纪要还有待完善的地方，可以让 AI 继续优化。

❓ 请用表格的形式呈现这份会议纪要。
- 请对文字进行进一步的精简和优化。

注意事项

1. 如果有更好的会议纪要模板，可提供给 AI 作为参考。

2. AI 在生成会议纪要时，为了达到指令要求，可能会对创作者提供的信息进行删减或补充，请注意甄别和修改，忠于会议的实际内容。

更多指令参考

1. 写会议纪要需要用到哪些工具？

2. 一份优秀的会议纪要有哪些特点？

3. 请给我一些写会议纪要的建议。

4. 你提供的会议纪要模板内容太复杂了，请简化。

5. 我的会议纪要是否突出了会议的主要议题和讨论结果？

6. 我的会议纪要是否包含必要的信息，例如行动项、负责人和截止日期等？

7. 我的会议纪要是否符合规范和格式要求？

2.13 新闻资讯：信息采写迅速可靠

对于新闻从业者来说，采写新闻资讯要及时、准确，这样才能给读者最新、最有价值的信息并保持职场竞争力。

想要写一篇时效性强、内容可靠、观点深刻的新闻资讯，可以尝试使用 AI。它能快速整合处理大量新闻素材，短时间生成新闻稿件文本，还能根据输入的关键词和数据自动生成相关内容和观点，并根据不同读者需求调整语言风格。新闻从业者可借此提高工作效率,以便把更多时间用在深度采写工作上。

可以按照如下思路引导 AI 生成内容。

第一步,创建提纲。 将新闻的主题、内容方向、读者群体、发布平台、篇幅等具体信息告诉 AI,让 AI 生成一份新闻提纲。

> 你是一名新闻记者,要写一篇有关"AI 会不会取代新闻记者"的新闻资讯,需要结合当下 AI 写作技术在新闻行业的实际应用情况,有案例、有观点,互动性强。这篇新闻将发布在报纸上,篇幅 500 字左右,请生成一份完整的新闻提纲。

> 标题:AI 是否会取代新闻记者?
>
> 导语:随着 AI 技术的不断发展,越来越多的行业开始应用 AI 技术,新闻传媒行业也不例外。AI 是否能够取代新闻记者的话题,在新闻传媒行业引发了广泛的讨论和争议……
> **一、AI 写作技术在新闻传媒行业的实际应用情况**
> 自动生成新闻报道
> 实现新闻的快速采写与发布
> 提升新闻的采写编发效率
> **二、AI 写作技术在新闻传媒行业引发的争议**
> AI 会不会取代新闻记者?
> 用 AI 写作是否会使新闻报道失去真实性和客观性?
> 新闻记者如何与 AI 协同工作?

> 三、AI 写作技术在新闻传媒行业的应用案例
>
> 少数新闻机构在使用 AI 写作技术
>
> 一些媒体尝试促进新闻记者与 AI 协同工作
>
> AI 写作技术在新闻传媒行业的应用效果如何?
>
> 四、AI 是否会取代新闻记者?
>
> AI 写作的优势
>
> 新闻记者的价值与作用
>
> AI 与新闻记者的区别与互补性
>
> 五、结论
>
> AI 不会取代新闻记者,而是提升新闻采写编发的效率和质量。
>
> AI 和新闻记者将形成互补关系,共同推动新闻传媒行业的发展。

第二步,"投喂"素材。把收集的相关资料"投喂"给 AI,让它进行归纳整合,作为备用素材。

> 2019 年,××新闻机构写稿机器人诞生,用于生成体育类、财经类稿件,该新闻机构是国内最早应用 AI 技术的主流媒体之一。这个写稿机器人目前已经累计生成稿件超十万篇,发稿数千篇,累计阅读量近千万,几乎可以实现"秒发"新闻报道,一篇稿件的最短生成时间仅为 4 分钟。利用 AI 生成的稿件同样必须经过严格的"三审三校"机制审核后才能发布,以确保导向正确、内容准确、达到专业标准,为读者提供高质量的新闻资讯。2023 年,该写稿机器人升级至 2.0 版本,智能化水平明显提升,每天能生成超过 400 篇稿件,效率比以往提高了 10 倍。
>
> 把这段资料精简,作为素材备用,表述应严谨、清晰。

> 一家国内主流媒体于 2019 年推出了一款写稿机器人，用于生成体育类和财经类稿件。截至 2023 年，该机器人已经累计生成稿件超过十万篇，发稿数千篇，累计阅读量近千万，几乎实现了"秒发"新闻报道，一篇稿件的最短生成时间仅为 4 分钟。所有利用 AI 生成的稿件在发布前都必须经过严格的"三审三校"机制审核，以确保导向正确、内容准确、达到专业标准，为读者提供高质量的报道。2023 年，该写稿机器人升级至 2.0 版本，智能化水平明显提升，每天能生成超过 400 篇稿件，效率比以往提高了 10 倍。

第三步，拟定初稿。将写作要求、文章篇幅、发布平台等信息提供给 AI，直接让它生成一篇新闻资讯初稿。

❓ 用前面的新闻提纲写一篇 500 字左右的新闻资讯，发布平台是报纸，要求：表述严谨、语言精练。

> 随着 AI 技术的不断发展，越来越多的行业开始应用 AI 技术，新闻传媒行业也不例外。有人担心，AI 会在将来取代新闻记者的位置。为此，我们进行了深入的调查和研究。
> 首先，AI 写作技术在新闻传媒行业的实际应用情况表明，它可以自动生成新闻报道，实现快速采写和发布新闻，提升工作效率。
> 然而，AI 写作技术在新闻传媒行业引发了争议。有人担心 AI 取代新闻记者，会使新闻报道失去真实性和客观性，也有人思考新闻记者如何与 AI 协同工作的问题。
> 我们调查发现，目前较少数新闻机构在使用 AI 写作技术。一些媒体尝试促进新闻记者与 AI 协同工作。AI 写作技术在新闻传媒行业的应用效果还需要时间来验证。
> AI 是否会取代新闻记者？我们认为不会。虽然 AI 写作具有生成

稿件快速、生产效率高等优势,但新闻记者的价值和作用是不可替代的。AI 和新闻记者将形成互补关系,共同推动新闻传媒行业的发展。

在未来,AI 写作技术还将不断发展,对新闻传媒行业的影响也将不断加深。然而,我们相信 AI 不会取代新闻记者,而是提升新闻记者工作的效率和质量。

❓ 把 "2019 年,一家新闻机构成功开发了一款基于 AI 技术的写作机器人,主要用于生成财经类和体育类稿件。迄今为止,该机器人已经累计创作文章十多万篇,并发布了数千篇,总阅读量近千万……" 这段资料植入到新闻内容中。

近年来,随着 AI 技术的不断发展,越来越多的行业开始应用 AI 技术,新闻传媒行业也不例外。一家新闻机构于 2019 年开发了一款基于 AI 技术的写作机器人,主要用于生成财经类和体育类稿件。该机器人已累计创作文章十多万篇,一篇文章最短只需 4 分钟即可生成。所有文章都必须经过严格的 "三审三校" 机制审核后才能发布,以确保导向正确、内容准确、达到专业标准。

…………

第四步,个性化修改和调整。 提出修改需求,比如增加案例、调整语言风格等,让 AI 优化新闻初稿。

❓ 刚才的新闻初稿中案例太少,增加一个新闻机构运用 AI 写作的实际案例,要求真实、有信息来源,文末增加专家独家观点,文章篇幅可以扩充到 700 字左右。

第五步，内容来源和版权审核。 针对新闻资讯中所出现的案例、数据、政策等信息，让 AI 提供信息来源（网址），以进行版权审核。

> ❓ 新闻稿中：美国著名新闻机构 ××× 曾在一份声明中表示，他们将会利用 AI 写作技术来采写一些简短的新闻报道和实时更新的内容……这段内容在国内是否有相关报道，能否提供网页地址？

> 以下是一些国内平台关于 ××× 利用 AI 写作技术的报道。
> ×× 新闻：……
> ×× 网：……
> ×× 网：……
> 这些报道都提到了 ××× 利用 AI 写作技术的声明，其中 ×× 新闻的报道较为详细，可以用来了解更多相关情况。

❓ 以上网页信息也是转载，无法确定来源，请把新闻稿中的这个案例直接删除，重新生成一份新闻资讯。

注意事项

1. 尽管 AI 作为写作工具拥有强大的撰写、编辑及润色功能，但新闻从业人员仍需遵守相关的管理办法和职业道德准则的规定，深入现场采写和调查，不能偷懒。
2. AI 提供的案例、数据等信息会有错误、杜撰或者不严谨的情况，一定要进行人工检查，确保内容的真实性和准确性。

更多指令参考

1. 你是新闻记者,现在要写一篇有关××××的新闻资讯,这篇新闻内容将发布在某社交平台上,要求篇幅不超过 300 字,语言风格有趣、接地气,读者群体为 20 岁左右的年轻人,目的是让他们了解××××××相关信息,现在我会给你具体的背景资料和数据,请直接生成一份新闻初稿。

2. 这篇新闻信息曾发布在官方网站,现在将重新分发到小红书、微博、今日头条等平台,请帮我按照这些平台的风格和要求,分别生成相应的稿件,要求语言、图文格式、篇幅都要分别高度契合这些平台的风格。

3. 下面我将提供给你一份由现场录音转化而来的文字稿,请帮我提炼重点信息,快速生成一篇新闻短讯,要求:信息准确,措辞严谨,篇幅在 300 字左右。

第 3 章
商业营销文案写作

3.1 产品推广文案：提高消费者购买意愿

产品推广文案在商业营销中起着至关重要的作用，一篇优秀的推广文案可以激发消费者的购买欲望，提高产品的销售量。撰写出高质量的文案并非易事，创作者不仅需要深入了解产品特点，还需掌握各种文案写作技巧，增强文案的吸引力和说服力。

借助 AI，创作者可以更快速地挖掘产品优势，确定目标受众，从而撰写具有吸引力的产品推广文案。那么，如何利用 AI 高效地撰写一篇引人入胜的产品推广文案呢？

可以按照以下思路引导 AI 生成文案。

第一步，识别产品特点。尽可能详细描述所要推广产品的特点。

❓ 我需要写一篇手机推广文案，这款手机的特点：超薄设计、超清显示、处理器强大、拍照功能优秀和续航能力出色。

第二步，确定目标受众。让 AI 分析目标受众的需求和喜好，以便撰写更具针对性的文案。

❓ 请帮我分析一下这款手机的目标受众。

> 这款手机的目标受众主要是对科技产品有高要求的消费者，他们可能是学生，也可能是商务人士。他们追求高品质的使用体验，注重产品性能和设计美感，并愿意为拥有先进技术的设备支付一定的溢价。

第三步，确定文案风格。 根据目标受众的特点，确定文案的风格。

❓ 请根据目标受众，帮我设定手机推广文案的风格。

> 这款手机的推广文案可以采用简洁、专业的风格，同时加入一些生动的形容词，以激发消费者的兴趣。文案可以强调产品的高性能、创新设计和出色的拍照功能，同时突出其美观的特点。

❓ 请你按照这个风格，为这款手机撰写一篇产品推广文案，突出其优势。

> 领先科技，尽享非凡体验！全新一代智能手机，独具创新设计，超薄机身搭配高清大屏幕，带给您不一样的视觉享受。搭载强大处理器，轻松应对各种任务，无论是商务办公还是游戏娱乐，都能满足您的需求。卓越的拍照功能让您随时随地捕捉美好瞬间，记录精彩生活。更有超长续航能力，让您告别充电烦恼。现在就升级您的智能手机，开启全新的非凡体验！

第四步，调整优化。 对文案细节进行调整和优化，使其更具吸引力。

❓ 目前文案的场景感不够，应当如何优化文案以增强吸引力？

> 为满足这一需求，我们可以在文案中添加一些生活化场景的描述，如一键式智能助手为您解决日常琐事，或高清显示屏带来沉浸式影音体验等。同时，可以强调产品在安全性、耐用性和售后服务方面的优势，提升消费者对产品的信任。这些调整将使文案更具吸引力，有助于提高消费者的购买意愿。

注意事项

1. 突出产品亮点：在让 AI 生成产品推广文案前，请确保清晰地传达产品的亮点和特色。可以列出关键特点，然后让 AI 根据这些特点撰写文案。

2. 明确目标受众：为了确保 AI 生成的文案符合目标受众的喜好，请明确目标受众。可以提供描述他们的年龄、性别、兴趣等信息，以便 AI 更好地了解他们。

3. 指定文案风格：在向 AI 提问时，明确创作者期望的文案风格，例如专业、活泼、幽默或其他特定风格。这将有助于 AI 生成符合创作者要求的文案。

4. 持续优化：撰写好初稿后，可以根据消费者反馈或实际推广效果对文案进行调整和优化。可以向 AI 提问如何优化文案，以提高产品吸引力和消费者的购买意愿。

更多指令参考

1. 请为我提供 ×× 产品的 5 个卖点。

2. 请根据消费者关心的要点梳理 ×× 产品的功能。

3. 请为我提供 3 个关于 ×× 产品的常见问题及解答。

4. 请为 ×× 产品设计两种不同的文案风格。

3.2 品牌宣传文案：提升品牌影响力

品牌宣传文案对于提升品牌影响力和吸引目标受众具有至关重要的作用。通过生动有趣的宣传文案，企业可以更好地传达品牌价值观、产品特点和服务优势，从而获得更多关注和支持。

然而，撰写出色的品牌宣传文案并不容易。创作者需要深入了解品牌定位、目标受众及市场竞争环境，创作出具有创意和吸引力的文案。AI 可以协助创作者快速生成高质量的品牌宣传文案。

接下来介绍如何利用 AI 为品牌创作宣传文案，以提升品牌影响力和形象。

假设要为一个创新型产品品牌撰写宣传文案，提问思路如下。

第一步，研究品牌定位。通过研究品牌定位深入了解品牌特点，找到具有吸引力的素材。下文的叙述中用"×××"代替了具体品牌名称。

❓ 请帮我梳理一下"×××"这个创新型品牌的核心定位和特点。

> ××× 是一个致力于提供创新型产品的品牌，其核心定位为高品质、高科技和个性化。××× 的特点包括采用最新科研成果，确保产品安全；注重消费者体验，提供量身定制的解决方案；关注市场动态，不断扩大产品线和服务范围。

第二步，了解目标受众。了解目标受众的需求和喜好，使宣传文案更具针对性。

❓ 请帮我分析归纳"×××"品牌目标受众的特点。

> ×××的目标受众主要是追求健康和高品质生活的中高收入群体，他们对产品的安全性有较高要求，同时希望获得个性化的服务。此外，这类受众通常会关注行业动态和科技发展，对创新型产品具有较高的接受度。

第三步，分析竞争环境。了解并对标市场上的竞品，优化品牌宣传策略。

❓ 请概述"×××"品牌在市场中面临着怎样的竞争环境。

> 在市场中，×××面临着激烈的竞争，主要竞争对手包括其他大型的传统品牌和新兴的科技品牌。为了在竞争中脱颖而出，×××需要不断创新，凸显自身独特的价值理念和产品优势，同时加强与目标受众的沟通和互动。

第四步，策划创意文案。在明确品牌定位、目标受众，掌握了竞争环境的信息后，创作者可以利用AI为"×××"品牌撰写具有创意和吸引力的宣传文案。

❓ 请结合以上信息，为"×××"品牌撰写一篇具有号召力的宣传文案。

> 加入×××，体验科技与健康的完美融合！我们致力于为您提供高品质、高科技的产品及个性化的解决方案，让您享受量身定

制的高品质生活。我们依托最新科研成果和严格的品控，助您轻松迈向更美好的明天！

注意事项

1. 提供背景信息：在提问时，向 AI 提供充足的品牌背景信息和市场信息，有助于生成更贴合实际的文案。

2. 提供更加具体的指令：在与 AI 互动时，尽量提供具体的要求，如文案风格、字数限制等，以便获得更符合预期的结果。

3. 生成创意：可以利用 AI 生成各种有趣、独特的创意，然后结合经验和品牌调性进行筛选和修改。

更多指令参考

1. 请帮我分析 ×× 品牌的竞争优势有哪些。

2. 请为 ×× 品牌设计一句简洁且有力的宣传语。

3. 为 ×× 生态旅游品牌撰写一篇吸引年轻人的宣传文案。

4. 请为 ×× 品牌撰写一篇关于健康生活方式的宣传海报文案。

3.3 活动宣传文案：增加人气，提高销量事半功倍

企业要从众多竞争对手中脱颖而出，吸引消费者的关注，提高销量，可能会选择开展多种多样的营销活动。这时，一篇引人入胜、富有创意的活动宣传文案，不仅可以提升企业形象，还能激发消费者的参与和购买欲望，从而实现销量的快速增长。

不同类型的企业、活动和目标受众，都会影响宣传文案的风格和内容。因此，寻求一种高效的方法来撰写活动宣传文案变得至关重要。

这一节将讲解如何利用 AI 为营销活动撰写吸引人的宣传文案，从而提高活动的人气和产品销量。

以下是借助 AI 编写活动宣传文案的思路如下。

第一步，设定角色。首先告诉 AI 我们希望它扮演的角色，如"营销策划专家"或"擅长活动宣传的策划总监"。

❓ 我需要一个擅长活动宣传的策划总监来帮我策划一场营销活动。

> 当然可以，我会以活动宣传专家的身份为您提供帮助。请告诉我有关活动的详细信息。

第二步，提供信息。向 AI 提供营销活动的详细信息，包括活动类型、目标受众、活动优惠等。

❓ 我们将举办一个为期一周的时尚服饰促销活动，目标受众是年轻女性，活动期间所有商品 8 折销售。

明白了，这是一个为期一周的针对年轻女性的时尚服饰促销活动，活动期间所有商品 8 折销售。接下来，您需要我为您完成哪些任务？

第三步，明确目的。明确活动的目的，如提高销量、提升品牌知名度等。

❓ 请为这个时尚服饰促销活动撰写一篇活动宣传文案，目的是吸引年轻女性前来购买。

尊敬的女士们，这是一场专为你们打造的时尚盛宴！为期一周的独家优惠，8 折商品任您买！探索我们的时尚新品，发掘属于您的独特魅力。赶快行动，错过可惜！只等您的光临！

第四步，评估优化。查看 AI 的回答，评估其质量，如有需要，提供具体的反馈和要求来进行优化。

❓ 这篇文案很有吸引力，但我希望能在开头加入一句关于限时优惠的信息。

我明白您的需求了，我已经在开头加入了限时优惠的信息，如下所示：
"限时独享！尊敬的女士们，这是一场专为你们打造的时尚盛宴！为期一周的独家优惠，8 折商品任您买！探索我们的时尚新品，发掘属于您的独特魅力。赶快行动，错过可惜！只等您的光临！"

❓ 我还需要增加一段文字来增强活动的紧迫感:强调促销活动的限时性,促使目标受众立即行动。

[
"仅剩 3 天!错过这次促销活动,您将错过本季最令人期待的时尚单品。赶紧行动,让您的衣橱迎来新生!"
]

注意事项

1. **明确目标受众**:告诉 AI 目标受众是谁,确保文案有很强的针对性,以提高活动的吸引力。
2. **比较和优化**:可以利用 AI 生成多个回答,分别进行优化,然后根据品牌调性和活动需求进行筛选和修改。

更多指令参考

1. 请就时尚服饰促销活动的社交媒体广告文案给我提一些建议。
2. 我希望突出时尚元素,在文案中强调时尚新品和流行趋势,让目标受众感受到时尚热点。
3. 我想强调活动优惠力度,突出活动优惠,使目标受众产生购买冲动。
4. 请保证文案简洁明了,适合在 ×× 平台上传播。

3.4 电商销售文案：快速建立信任，激发消费者购买欲

面对繁多的电商平台和不同的消费者群体，如何撰写一篇既具有吸引力又能引导消费者下单的文案，是许多电商从业者会面临的挑战。

电商销售文案的创作要考虑多方面的因素，包括产品特点、消费者需求、市场趋势等。在这种情况下，运用 AI 能够帮助电商从业者高效地撰写出吸引力十足的销售文案，从而实现更好的营销效果。

借助 AI 撰写电商销售文案的思路如下。

第一步，分析需求和喜好。在撰写电商销售文案前，需要明确产品类型和目标受众，从而分析受众的需求和喜好。

❓ 我想写一篇智能手表的电商销售文案，目标受众是热爱科技的年轻人。请帮我分析他们的需求和喜好。

> 热爱科技的年轻人对智能手表的需求和喜好通常集中在以下几个方面：强大的性能、时尚的设计、实用的功能和良好的兼容性。

第二步，列举亮点和优势。让 AI 列举产品的亮点和优势，有助于确保文案贴合消费者需求，同时凸显产品的过人之处。

❓ 请根据上面分析的热爱科技的年轻人的需求和喜好，为我列举智能手表的产品亮点和优势。

> 智能手表的产品亮点和优势可以包括：高性能处理器、时尚外观、多功能集成及跨平台兼容性。

第三步，增强信任。利用心理学原理，例如从众心理、权威效应等，可以提高文案的说服力，从而增强消费者信任。

❓ 请根据刚刚给出的产品亮点和优势，为我写一篇智能手表的电商销售文案，文案中需要含有权威证明。这是该产品的获奖情况、达人评测……

> 这款智能手表，专为追求科技与时尚的年轻人打造。凭借高性能处理器、时尚外观、多功能集成和跨平台兼容性，它成为潮流与实用完美结合的产品。手表获得了业界权威媒体的一致好评，并荣获了多项技术创新奖项。知名科技博主小明表示："这款智能手表轻巧、高效，给了我绝佳的使用体验，让我充满自信。"目前这款手表已经成为众多明星用户的选择。快来体验一下，让科技成为你生活中不可或缺的一部分！

第四步，动态调整。根据实际情况和消费者需求对文案做出相应的动态调整。

❓ 这篇文案不错，但我希望能精简一些，只突出性能。

> 这款智能手表，专为追求科技与时尚的年轻人打造。凭借高性能处理器、时尚外观、多功能集成和跨平台兼容性，它成为潮流与实用完美结合的产品。快来体验这款智能手表，让科技成为你生活中不可或缺的一部分！

> **注意事项**
>
> 1. 告诉 AI 产品的特性和目标受众,这样才能更好地梳理出产品的亮点和优势。
> 2. 在撰写文案时,让 AI 尽量突出产品独有的亮点和优势,以便吸引消费者的注意。
> 3. 根据实际情况和消费者的需求,让 AI 动态调整文案,优化细节。
>
> **更多指令参考**
>
> 1. 请为我写一篇运动相机的电商销售文案,突出其防水和抗摔的特点。
> 2. 请为我写一篇婴儿车的电商销售文案,强调其安全性和舒适性。
> 3. 请为我写一篇高级护肤品的电商销售文案,强调其抗衰老和滋养功效。
> 4. 请为我写一篇健康零食的电商销售文案,突出其营养价值和美妙口感。

3.5 品牌故事:与消费者建立情感联系

几乎所有的经典品牌都有自己的"故事"。品牌故事可以帮助企业与消费者建立情感联系,提高消费者对品牌的认知度和忠诚度。一个引人入胜的品牌故事可以使消费者更加信任品牌,从而促使他们成为品牌忠实的支持者。

然而,要撰写一个既具有吸引力又能触动人心的品牌故事并非易事,创作者需要在文字中融入品牌的特点和价值观,同时还要考虑消费者的需求和喜好。

通过 AI，创作者可以更快速地梳理品牌故事的核心元素，找到能使消费者产生共鸣的切入点。

那么，如何利用 AI 高效地构建一个引人入胜的品牌故事呢？

假设要为一个可再生水瓶品牌撰写品牌故事，思路如下。

第一步，传达品牌价值观。 明确要传达的品牌价值观，以便在故事中展示品牌的独特之处。

> ❓ ××品牌的价值观强调环保、可持续性和创新。××关注地球的未来，致力于开发环保材料和可再生资源，以减少对环境的影响。品牌还追求高品质，实用性和美观并重，并支持环保事业。

第二步，了解目标受众。 向 AI 了解目标受众的需求和喜好，使品牌故事更具针对性。

❓ 关注环保和可持续发展的水瓶品牌的目标受众有哪些？

> 这类水瓶品牌的目标受众主要是环保意识较强的消费者，他们往往十分关注可持续的生活方式，也可能爱好户外运动。他们希望购买能减少环境负担的产品，并且重视产品的实用性和设计美感。

第三步，构建故事线。 利用 AI 协助构建故事情节，确保品牌故事的流畅性和连贯性。

❓ 这是××品牌创始人的故事：（略）
请帮我构建一个关于环保水瓶品牌××的故事，有人物和具体事件。

> 故事从品牌创始人一次难忘的经历开始。在一次户外探险中，他看到大量废弃塑料瓶对自然环境造成了巨大的破坏。受此启发，他决心创立一个环保水瓶品牌，旨在减少塑料废弃物和推广可持续生活方式。通过不断研究和创新，品牌成功推出了一款由可再生材料制成的水瓶。故事最后展示品牌对环保事业的支持，以及消费者对品牌的热爱和支持。

第四步，设置情感触发点。在故事中设置情感触发点，以引发消费者的共鸣。

❓ 请为环保水瓶品牌的故事设置一个情感触发点。

> 故事中的情感触发点可以是创始人在探险过程中发现了被废弃塑料瓶严重污染了美丽的湖泊这一场景。这个场景能使消费者感受到环境保护的紧迫，进一步强化品牌价值观，使消费者产生情感共鸣。

第五步，反馈迭代。把自己的想法反馈给 AI，让其不断调整和优化故事内容，使之更具吸引力。

❓ 如何优化环保水瓶品牌故事以增强吸引力？

> 为了满足这一需求，可以在故事中添加品牌研发团队克服技术难题的细节，例如他们是如何发现可再生材料的，以及如何测试水

瓶的耐用性和环保性能的。同时，可以加入一些消费者的真实经历，展示他们如何在日常生活中使用该品牌的水瓶，从而体现产品的实用性。这些优化将使故事更具吸引力，有助于使消费者与产品和品牌建立更深厚的情感联系。

注意事项

1. **挖掘品牌独特性**：在让 AI 生成品牌故事前，可以强调品牌的独特性和价值观，使生成的故事区别于众多竞争对手。
2. **结合真实案例**：给 AI 提供真实的案例能大大提升品牌故事的感染力，消费者更容易产生共鸣。
3. **紧扣消费者需求**：通过 AI 了解消费者的需求和关注点，从消费者的角度出发，满足消费者的真实需求。

更多指令参考

1. 请为 ×× 品牌故事提供一个引人入胜的开篇。
2. 请在 ×× 品牌故事中添加一个与客户互动的环节。
3. 请为 ×× 品牌撰写一个履行社会责任的案例。
4. 请为 ×× 品牌撰写一个关于产品创新的案例。

3.6 企业宣传册：全面展示企业文化和定位

企业宣传册作为企业宣传和推广的重要载体，对塑造企业形象、展示企业文化和定位具有重要作用。如何借助 AI 提高宣传册的制作效率和质量呢？

借助 AI，创作者可以快速生成符合企业特点的文案，全面展示企业文化和定位，从而让目标受众更好地了解企业的价值观和经营理念。

以下是借助 AI 编写企业宣传册的思路。

第一步，设定宣传目标。 在开始制作宣传册之前，需要明确宣传册的作用，例如提升品牌知名度、展示企业产品与服务、传达企业文化等。

> ××企业主要从事环保科技产品开发，请帮我设定该企业宣传册的作用。

> 这个宣传册的作用可以设定为展示企业在环保科技产品开发领域的专业能力和成果，传达企业致力于环保创新的核心价值观，以提升品牌知名度和吸引潜在客户。

第二步，确定内容结构。 在 AI 的帮助下规划企业宣传册的内容结构。

❓ 请规划一下这家环保科技企业宣传册的内容结构。

> **1. 封面**：企业 Logo、企业名称、宣传口号。
> **2. 企业简介**：企业发展历程、企业文化、企业愿景。
> **3. 产品与服务**：产品特点、服务优势、案例展示。
> **4. 团队介绍**：团队成员、专业技能、成功经验。
> **5. 合作伙伴**：合作企业、合作项目、成功案例。
> **6. 联系方式**：地址、电话、邮箱、社交媒体。

第三步，提供企业信息。 向 AI 提供所需的企业信息，包括目标受众、企业定位等，利用 AI 的智能写作能力，撰写各部分的内容。

❓ 这是 ××× 公司的一些信息：
（具体信息，略）
请先帮我撰写一段环保科技企业的简介。

> ××× 创立于 20×× 年，是一家专注于研发和生产环保科技产品的创新型企业。我们的使命是致力于环境保护，通过技术创新为全球客户提供高质量的绿色解决方案。××× 秉承可持续发展、绿色环保的核心价值观，力求成为行业的领军企业。

第四步，反馈优化。 对生成的内容进行评估，看是否符合企业形象、品牌调性和目标受众的喜好。如有需要，可向 AI 提供反馈，进一步优化内容。

❓ 这段企业简介很好，但我希望能更加突出企业的创新精神和环保理念。

> 好的,我将重新撰写企业简介,更加突出企业的创新精神和环保理念。
>
> (具体信息,略)

第五步,提供设计参考。根据生成的内容,结合企业形象、品牌调性和目标受众的喜好进行设计,使宣传册更具吸引力。

❓ 请给我一些建议,如何对环保科技企业的宣传册进行设计和排版,以更好地体现企业形象和品牌调性。

> 在对宣传册进行设计和排版时,请考虑以下几点。
> 1. 色彩:选择与企业形象和品牌调性相符的色彩,如绿色、蓝色等,营造环保、可持续的企业气质。
> 2. 图片:选用高质量的图片,展示企业的环保产品、技术,以及生产设备等,充分体现企业的创新与环保理念。
> 3. 排版:采用简洁明了的排版风格,避免过多的文字和图片堆砌,有利于消费者快速了解宣传册的核心内容。
> 4. 字体:选用易于阅读且符合企业形象的字体,字号和行距适中,方便阅读。
> 5. 信息层次:合理设置信息层次,将重要内容置于显眼位置,引导消费者关注。

注意事项

1. 提供详细的信息：向 AI 提供尽可能详细的企业信息和宣传册制作目标，以便让 AI 更好地生成内容。同时，也可提供品牌调性、目标受众等信息，让宣传册更贴合品牌形象。

2. 启发创意：在制作宣传册时，可以向 AI 提问，寻求一些创意和灵感，例如，"如何从侧面展现企业的高端属性？"或"请给我一些设计宣传册的封面的建议。"

3. 结合现有策略：在用 AI 制作宣传册时，结合企业当前的市场策略，保证宣传册的时效性。

更多指令参考

1. 请为我提供 5 个 ×× 品牌宣传册的设计元素。

2. 请帮 ×× 品牌的宣传册拟一个标题。

3. 如何在宣传册中展示 ×× 品牌的企业文化和社会责任？

4. 请就 ×× 品牌宣传册的内容板块给我提 3 个建议。

5. 如何设计 ×× 品牌宣传册的内页？

3.7 产品手册：介绍产品服务，提高客户满意度

一本优秀的产品手册不仅能够向客户全面展示产品的特点和优势，还可以提高客户满意度，从而促进企业的发展。然而，编写一本既详尽又易懂的产品手册往往需要企业投入大量时间和人力资源。

本节将介绍如何利用 AI 编写产品手册，帮助企业快速生成高质量的产品说明和操作指南。

以下是借助 AI 编写产品手册的思路。

第一步，设定角色。如果之前没有接触过产品手册的编写工作，可以用角色扮演的方式让 AI 成为产品总监。

> 你是一位经验丰富的产品总监，请帮助我制作一本产品手册。

当然可以，我很高兴能为您提供帮助。请提供您要介绍的产品的详细信息和您希望实现的目标，我将为您制作一本内容全面且吸引人的产品手册。

第二步，提供产品信息和编写目标。将产品信息及产品手册需要达到的效果告诉 AI。

> 我们的产品是一个名为 ××× 的智能家居系统，具有远程控制、语音控制、场景识别等功能。我希望通过这本手册让客户更好地了解我们的产品和服务，提高客户满意度。下面我将提供给你详细的 ××× 智能家居系统功能介绍。
>
> （具体信息，略）

> 好的，我已经了解关于×××智能家居系统的相关信息。我将为您制作一本旨在让客户更好地了解产品和服务，提高客户满意度的产品手册。

第三步，生成大纲。

❓ 请根据以上信息生成×××智能家居系统产品手册的大纲，表述尽量简洁明了。

> 产品手册的大纲如下。
> **1.** 产品概述：介绍×××智能家居系统的总体概念和核心功能。
> **2.** 系统组件：详细介绍系统的各个组件和设备，以及它们的功能和特点。
> **3.** 安装与设置：提供详细的安装与设置指南，包括硬件安装、软件配置等。
> **4.** 操作指南：解释如何使用系统的各个功能，例如远程控制、语音控制等。
> **5.** 常见问题与解答：列出客户可能遇到的常见问题，并提供解决方案。
> **6.** 客户支持与联系信息：提供客户支持渠道和联系方式，方便客户在遇到问题时寻求帮助。

第四步，生成产品手册。

❓ 请根据你刚才生成的大纲，帮我编写完整的产品手册。

第五步，迭代更新。 可以询问AI优化意见，方便后续升级迭代。

❓ 后续还需要对产品手册进行更新，请问这本产品手册的哪些方面还可以优化？

你可以在产品手册中突出产品的亮点和优势。

1. 产品概述：在介绍×××智能家居系统的总体概念和核心功能时，强调其语音控制和场景识别功能的创新，以及节能环保的设计理念。

2. 系统组件：在详细介绍系统的各个组件和设备时，重点强调它们的独特功能和优势，例如设备的兼容性、高性能和可靠性。

3. 安装与设置：在提供详细的安装与设置指南时，强调对用户友好的设计，让用户能够轻松快速地完成安装与配置。

4. 操作指南：在解释如何使用系统的各个功能时，突出简便易用的操作界面和高度智能的人工智能语音助手。

5. 常见问题与解答：在列出客户可能遇到的常见问题并提供解决方案时，强调我们对客户问题的高度关注和及时响应。

6. 客户支持与联系信息：在提供客户支持渠道和联系方式时，强调我们的专业团队会为客户提供优质的售后服务。

注意事项

1. 了解产品特点：在使用AI制作产品手册时，务必提供详细的产品信息、特点和优势，以便更好地输出内容。

2. 产品手册的内容应简洁明了：产品手册应便于理解和操作，尽量使用简洁明了的语言，并提供必要的图示说明。

3. 反馈与迭代：询问AI对产品手册后续优化的建议，便于未来迭代升级，满足不同时期客户的需求。

> **更多指令参考**
>
> *1.* 请为我提供 5 个 ×× 产品的卖点。
>
> *2.* 请帮我编写 ×× 产品的简易安装指南。
>
> *3.* 请为我提供 3 个 ×× 产品使用过程中的常见问题及解答。

3.8 购物指南:帮助消费者轻松决策

在购物时,消费者常常犹豫不决、难以选择。如何帮助消费者轻松决策,提高消费者的购买意愿和满意度,是企业需要关注的重要问题。

购物指南通常包含大量的信息,如产品特性、价格、使用场景、优缺点等。同时,为了满足不同消费者的需求,购物指南的内容还需要具备一定的灵活性。

通过 AI 可以快速获取产品信息,比较不同产品的优劣,并结合实际需求为消费者提供合适的购买建议。

借助 AI 撰写购物指南的思路如下。

第一步,确定主题。根据产品类型和消费者需求,确定购物指南的主题,也就是关注哪一类产品,例如电子产品、家居用品、运动装备等。

❓ 请帮我制作一篇运动装备的购物指南。

第二步,了解消费者需求。了解消费者的需求和关注点,例如消费者对品质、价格、品牌、功能等的关注程度，以便在购物指南中有针对性地提供相关信息和建议。

❓ 请分析一下消费者在购买运动装备时最关注的因素是什么。

> 一般来说，消费者在购买运动装备时比较关注品质、舒适度、功能性及价格等方面。

第三步，分析产品优缺点。 在购物指南中对不同产品进行比较和评价，能帮助消费者更全面地了解不同产品的优缺点和适用场景，从而更好地做出决策。

❓ 请为我介绍几款性价比较高的运动鞋和它们的优缺点。

> 我们推荐以下几款性价比较高的运动鞋：A 品牌的 XX 系列、B 品牌的 YY 系列、C 品牌的 ZZ 系列……

第四步，生成购买建议。 根据消费者的需求和关注点，为消费者提供购买建议，例如推荐购买渠道、优惠活动、讲解注意事项等。

❓ 关于购买运动装备，你有什么建议？购买运动装备有哪些注意事项？

> 在购买运动装备时，需要选择合适的尺码，选择符合自己运动习惯和运动场景的产品，了解产品的品质和保养方法等。此外，可以选择在正规渠道购买，关注促销信息。

第五步，生成购物指南。

针对以上信息，请帮我生成一篇购物指南，以表格的形式呈现。

考虑因素	描述
舒适度	确保鞋子适应脚部的形状,尽量试穿以确保舒适
功能性	根据运动类型选择鞋子,例如跑步鞋或篮球鞋
耐用性	选择材质结实、耐磨的鞋子
品牌和设计	根据个人喜好选择特定品牌或设计
价格	根据预算选择合适的鞋子,考虑性价比

推荐鞋款	优点	缺点
XX 系列	较好的舒适度,优良的支撑性	价格较高,设计简单
YY 系列	良好的减震性能,适合长距离跑步	可能不适合特殊脚型
ZZ 系列	出色的抓地性能,设计简约时尚	价格较高

购买建议	描述
选择装备	根据运动需求选择装备,如户外长距离跑步
试穿	在购买前试穿,以找到最适合的尺寸和型号
退换货政策	了解商家的退换货政策
产品评价	阅读产品评价,了解其他消费者的反馈

注意事项

1. **引导消费者做出决策**:购物指南不仅仅是提供产品信息,还要引导消费者做出决策。

2. **结合市场趋势**:在撰写购物指南时,让 AI 结合当前市场趋势和热门产品,为消费者提供更实用的信息。

更多指令参考

1. 请为我列出 5 个经营户外运动装备的品牌和它们的主打产品。
2. 请为我撰写一篇关于如何选择泳衣的购物指南。
3. 作为一个新手,如何在网上购买高质量的手工艺品?
4. 请为我提供智能手表的 3 个核心卖点。

3.9 产品评测：让消费者认可产品价值

发布产品评测也是一种有效的产品推荐方式。产品评测包含有用的参考信息，可以帮助消费者了解产品的真实性能和特点，进而做出合理的购买决策。

一篇优秀的产品评测能够客观地描述产品的优点和缺点，让消费者清晰地认识产品的价值。正确使用 AI，创作者可以快速地撰写出一篇合格产品评测。

借助 AI 编写产品评测的思路如下。

第一步：提供信息。 提供产品的相关信息，包含主要功能和特点等。

> 请帮我写一篇产品评测，我会提供一些产品的相关信息：XYZ 是 ×× 公司推出的一款旗舰级智能手机，搭载高通骁龙 888 处理器……

第二步：定义标准。 告知 AI 从哪些方面进行评测。

> 请从以下几个方面评测这款产品：性能、屏幕、拍照、续航和充电。

第三步：提供使用体验。 为 AI 提供真实的产品使用体验。

> 这款手机运行流畅，不卡顿，可以应对各种大型游戏和多任务场景。屏幕清晰，色彩鲜艳，触控灵敏。电池续航能力强，正常使用一天不用担心没电，而且充电速度快。它也有一些

缺点，比如：机身较厚重，单手握持不太舒适，放在裤兜里显得有些突兀。4个后置摄像头凸起较高，容易被剐伤。

第四步：比较竞品。 将产品与市场上的竞争对手进行比较。

❓ 请指出产品的优势和劣势，以及与竞品相比的差异，重点突出产品的特点和优势。

> 与竞争对手相比，这款产品有很大的优势，它有以下几个差异化卖点：
> 它是目前唯一一款搭载高通骁龙888处理器的手机，性能领先于其他同价位的手机。
> ············

第五步：生成评测。

❓ 根据以上信息，请生成一篇完整的使用评测。

> **XYZ手机使用评测：** 性能出众，屏幕出彩
>
> XYZ是××公司推出的一款旗舰级智能手机，搭载高通骁龙888处理器、支持120Hz刷新频率的2K屏幕，拥有1亿像素的后置主摄像头和2000万像素的前置摄像头，还支持55W有线快充和50W无线快充。这款手机在发布后就受到了广泛的关注和好评，那么它的实际表现如何呢？我使用了一个月，现在和大家分享一下我的使用体验。
>
> **外观设计**
> XYZ的外观设计非常好看，机身较厚重，单手握持不太舒适，放在裤兜里显得有些突兀。不过这是为了容纳体积更大的电池和

更好地散热而做出的妥协。机身采用了双曲面玻璃和素皮，手感很好，也很耐磨。后置摄像头凸起较高，容易被剐伤，而且影响平放稳定性。我选择了手机原厂出品的保护壳，可以很好地保护摄像头和机身，也不会影响手感。

性能表现

XYZ 搭载骁龙 888 处理器，这是高通 2020 年发布的旗舰级产品，采用了 5nm 工艺，集成了 X60 5G 基带，性能更强大，功耗更低。XYZ 还配备了 8GB 或者 12GB 的 LPDDR5 内存和 128GB 或者 256GB 的 UFS3.1 闪存，配置非常高。

拍照表现

XYZ 的拍照表现也很出色。它后置四个摄像头，分别是 1 亿像素的主摄像头、1300 万像素的超广角摄像头、500 万像素的微距摄像头和 200 万像素的深度摄像头；前置一个 2000 万像素的自拍摄像头。这些摄像头都支持 AI 美颜、AI 场景识别、AI 超分辨率等功能，可以拍出细节丰富、色彩还原度高的照片。

总结

XYZ 是一款非常优秀的旗舰级手机，无论是外观设计、屏幕表现、性能表现还是拍照表现都达到了非常高的水准，在同价位的手机中具有很强的竞争力。它也有一些不足之处，比如运行大型 App 时发热明显、功耗偏高等，但是这些问题并不影响它作为一款旗舰级手机的整体水准。如果你想要一款性能出众、功能强悍的手机，那么 XYZ 是一个不错的选择。

注意事项

1. 了解产品的定位、功能、优缺点、竞争对手等基本信息,以便 AI 对产品进行全面的评价。
2. 选择合适的数据和数据分析方法,以便 AI 对产品的性能、效果、用户反馈等进行客观的量化和评估。
3. 适当提供自己的使用体验和感受,让 AI 生成的内容融入用户体验。

更多指令参考

1. 请分析 ×× 产品的定价策略及它的成功之处。
2. 请运用 SWOT 分析法对产品进行分析,分析 ×× 产品的优势、劣势,面临的机会和威胁。
3. 请从用户的角度评价 ×× 产品满足哪些需求和期望。
4. 请用小学生的口吻介绍 ×× 产品的界面设计、交互逻辑、操作流畅度,突出产品的用户体验。

第 4 章
新媒体写作

4.1 提供选题：让你的写作灵感源源不断

撰写新媒体文章的第一步就是确定选题。选题是新媒体创作的灵魂，优秀的选题能够吸引更多的关注，创造更高的价值。因此，对于创作者来说，寻找新鲜、独特且有吸引力的选题变得愈发重要。

运用 AI，创作者可以源源不断地获得选题灵感，无论是深度挖掘某一话题，还是广泛寻找创意。下面一起看看这个过程吧。

第一步，设定角色。 通过给 AI 设定一个角色，让它更好地理解马上要做的工作内容。

> 你是一位资深新媒体文案创作者。接下来我会给你一个主题或者事件，请你根据我提供的信息，帮我撰写 10 个新媒体文章选题。

> 请提供主题或事件，我将根据您提供的信息为您撰写 10 个新媒体文章选题。

第二步，给出要求。 为了 AI 生成的选题能够更符合创作需求，并且最后能够成功落地，需要给 AI 提供选题生成的来源，可以是一个事件或者一个主题，也可以是一个群体。

> 最近 AI 很火，我想针对 AI 在新媒体写作方面的应用进行介绍。请为我提供 10 个与之相关的新媒体文章选题。

1. AI 引领新媒体写作革命：从标题到正文，如何高效撰写吸引人的内容？
2. 让 AI 为你写作：揭秘 AI 如何助力新媒体创作者提高创作效率与质量
3. 当新媒体遇上 AI：如何运用人工智能生成引人入胜的文章标题？
4. 聊天机器人在新媒体写作中的实战应用：案例分析与心得分享
5. 跨语种创作：如何利用 AI 实现多语种新媒体文章的快速创作与发布？
6. 提升内容质量：AI 如何助你优化新媒体文章的结构？
7. 智能写作助手：如何将 AI 应用到新媒体文案写作与广告策划？
8. 聚焦用户需求：利用 AI 分析受众兴趣，精准定位新媒体写作方向
9. 从关键词到文章：AI 如何助你实现新媒体文章的高效优化？
10. 前沿技术实践：AI 与新媒体写作的未来趋势和发展潜力

第三步，细化要求。 好的选题更具有针对性。当看到 AI 生成的选题后，创作者可以给出具体的要求来帮助 AI 迭代，从而生成更贴近需求的选题。要求可以是选题的风格、面向的人群、文章达到的效果等。

> 最近 AI 很火，我想针对 AI 在新媒体写作方面的应用进行介绍。请为我提供 10 个与之相关的新媒体文章选题。选题要求：新颖、有趣、实用，对新媒体写作有实际指导作用，能够吸引新媒体创作者阅读。

1. 聊天机器人助攻：如何运用 AI 为你的新媒体写作插上翅膀？
2. 解锁创意无限：探索 AI 如何助力新媒体创作者挖掘写作灵感
3. AI 写作顾问：如何将 AI 应用于新媒体写作，优化文章结构？
4. 高效生成文章：如何利用 AI 快速撰写具有吸引力的新媒体文章
5. 跨界新媒体写作：运用 AI 实现多语种创作，提升企业影响力
6. 个性化写作风格：如何通过 AI 打造独具特色的新媒体写作风格？
7. 内容策划神器：探讨 AI 在新媒体广告策划和文案写作中的应用
8. 智能分析受众需求：如何运用 AI 优化新媒体文章内容，提升受众满意度？
9. SEO 黑科技：运用 AI 优化新媒体文章关键词，提高曝光度
10. 新媒体创作者的未来：探讨 AI 与新媒体写作的融合与发展趋势

如果觉得还不够，可以加入特定的人群，让选题聚焦于更清晰具体的受众群体。

❓ 很好，接下来请你面向自媒体创作者，给出 10 个更具有针对性的新媒体文章选题。

1. 聊天机器人助力自媒体创作：如何运用 AI 优化文章结构？
2. 内容创新实践：AI 如何助自媒体创作者挖掘独特的创意和话题？
3. 提高自媒体写作效率：运用 AI 实现高质量内容的快速生成
4. 语言风格转变：教你利用 AI 撰写富有个性的自媒体文章
5. 跨语种自媒体创作：AI 助力开拓国际市场，扩大受众群体
6. 聚焦受众需求：运用 AI 实现精准定位和内容优化

7. 营销文案黑科技：如何利用 AI 提升自媒体文案的表达效果？
8. SEO 神器：运用 AI 实现自媒体文章关键词的优化和排名的提升
9. 合作与共创：探讨运用 AI 促进自媒体创作者间的交流与合作
10. 自媒体创作者的未来：探索聊天机器人与自媒体行业的融合与发展趋势

第四步，反馈迭代。细化要求后得到的选题会更加符合创作者的需求，这时可以选择其中有兴趣的选题，要求 AI 再进行细化，从而让撰写内容变得更容易。

> 这几个选题中第 1、2、3、8 比较实用，可以按照这几个选题的角度，再细化 10 个选题。

1. 聊天机器人助力自媒体创作

1.1 如何运用 AI 构思文章结构，优化自媒体文章框架？

1.2 利用 AI 提高文章的连贯性与可读性：实用技巧分享

1.3 用 AI 解决写作难题：从内容创意到文章成型，一站式解决方案揭秘

2. 内容创新实践

2.1 AI 助力自媒体创作者挖掘热点话题：敏锐洞察趋势

2.2 聊天机器人为你的创意加分：如何用 AI 丰富自媒体创作主题？

2.3 创意灵感源泉：运用 AI 实现自媒体创作的多元化与创新

3. 提高自媒体写作效率

3.1 如何利用 AI 快速梳理思路，提高写作速度？

3.2 文章高效生成技巧：利用 AI 撰写自媒体文章的实用指南

3.3 聊天机器人在自媒体写作中的应用实战：案例分析与心得分享

4. SEO 神器

4.1 AI 在自媒体文章 SEO 中的应用：提升关键词排名的秘诀

4.2 如何运用 AI 进行 A/B 测试，优化自媒体文章标题与关键词？

4.3 利用聊天机器人优化自媒体文章结构与内容：提高搜索排名的实用方法

注意事项

1. 想要得到更符合自己需求的选题，就要给出更明确的要求。比如选题风格、面向的人群、文章要达到的效果等。借助 AI 可以发散思维，但是如果需求不明确，信息太少，AI 生成的选题实用价值并不高，不利于创作者应用到实际创作中。

2. 针对生成的选题，可以要求 AI 再细化。如果 AI 生成的选题范围比较大，可以对生成的结果进行反馈，挑选感兴趣的选题方向继续细化。

更多指令参考

1. 请你围绕 ××× 主题，给我 10 个文章选题。

2. 面向 ×× 领域自媒体博主，给我 10 个文章选题。

3. 请你针对职场人士，给出 10 个新媒体文章选题。要求：围绕 AI

对职场人士的影响,制造一定的紧迫感,让用户想打开文章了解内容。

4. 你是一位资深的新媒体文案创作者。最近 AI 应用非常火爆,请你围绕这个主题,给出 10 个选题,要求适合在 ××× 平台(如小红书)发布。

5. 你现在是一位 ×××(新媒体文案、内容营销、职场面试)专家,你要针对我提出的问题提供建议。我是一位 ×××(小红书、知乎、微博)博主,我的定位是 ×× 达人,请帮我想 10 个这个领域的热门选题。

4.2 标题撰写:快速搞定 10 个爆款标题

作为一位新媒体从业者或者自媒体博主,想通过内容获取粉丝,标题是其中不可或缺的重要元素。一个好的标题,可以快速吸引用户的注意力,使文章获得更多的曝光,从而为账号带来更多潜在的粉丝。

但是新媒体平台不同,用户喜爱的标题风格有所不同,对于创作者来说,快速了解不同平台的文章标题风格很重要。要想提升标题的质量和产出的效果,不妨试试使用 AI。如何与 AI 互动,快速写出符合创作者预期的标题?看看下面的过程吧。

第一步，设定角色。想快速写出符合预期的爆款标题，就要给 AI "投喂"对应的案例，AI 可以从中提炼创作者所预期的爆款标题的共同特点。

> 你现在是一位非常优秀的新媒体文案创作者，接下来我给你发送 10 条小红书风格的爆款笔记标题，请你总结这些标题的共同点。

[
请您将这 10 条小红书风格的爆款笔记标题发给我，我将为您分析总结它们的共同点。
]

第二步，提供参考，总结特征。AI 会通过分析"投喂"的案例，总结这些案例的共同点。

> **1.** 10 款眼霜大合集！不同年龄、眼周问题怎么选？
> **2.** 回购到破产的精华眼霜！眼纹黑眼圈"大杀器"！
> **3.** 自用测评！25 岁后抗老，无限回购的眼霜
> **4.** 跪求！重度黑眼圈的姐妹一定要试试这个！
> **5.** 跪求别停产！国货之光！对抗干纹 & 黑眼圈绝了！
> （更多标题，略）

[
根据您提供的 10 条小红书爆款笔记标题，我总结出以下共同点。

1. 针对性：这些标题针对不同年龄、问题或需求，如黑眼圈、抗皱、抗老等。

2. 情感色彩重：用词带有情感色彩，如"好用不'踩雷'""终于找到了""跪求别停产"等，让读者产生共情。

3. 第一人称：多使用第一人称（如"我"），强调个人体验和真实感受。
]

4. 回购与推荐：突出产品的质量和效果，如"回购到破产""无限回购""含泪推荐"等。

5. 亲身体验：强调作者的亲身体验和试用效果，如"自用测评"，增加可信度。

6. 直接表达：标题直接表达文章内容，使读者一目了然。

7. 悬念与好奇心：通过提问、制造疑问等方式，激发读者的好奇心，如"怎么选？""跪求！"等。

根据这些共同点，您可以尝试重新拟写符合小红书爆款标题特点的文章标题。

第三步，拟写标题。让 AI 根据这些共同点，写出符合新媒体平台（如小红书）特征并围绕指定主题的爆款标题。这样出来的结果会更加符合实际需求。

> 很好，请你根据这些共同点，再写 10 条小红书标题，围绕眼霜推荐这个主题。

根据您提供的标题的共同点，我为您准备了以下 10 条围绕眼霜推荐的小红书标题。

1. 18 款眼霜全测评！告别黑眼圈，适合你的究竟是哪款？

2. 我的眼周保养大揭秘！挽救黑眼圈、抗皱眼霜都在这里

3. 熬夜族福音，去黑眼圈的眼霜，我亲测有效！

4. 心动不如行动！25 岁后无限回购的眼霜盘点！

5. 重度黑眼圈福音！姐妹们快来试试这款神奇眼霜！

（更多标题，略）

这些标题更加符合小红书爆款标题的特点，您可以根据自己的实际情况和需求进行选择或修改。如果您需要进一步的帮助，请随时告诉我。

AI 总结出平台爆款标题的共同点之后，可以轻易生成其他选题对应的爆款标题，注意尽量使提供给 AI 的信息能具体描述想要撰写的选题，比如应是"写作书单推荐"，而非"书单推荐"。

❓ 请你根据上述共同点，再写 10 条小红书标题，围绕"写作书单推荐"这个话题。

> 根据您提供标题的共同点，我为您准备了以下 10 条围绕"写作书单推荐"的小红书标题。
> 1. 一文掌握！写作书单大揭秘，成为大神就靠它们！📚
> 2. 亲测有效！提升写作水平的神级图书，值得拥有！✏️
> 3. 写作进阶秘籍！我亲身试过的写作水平提升利器 ✨
> 4. 跪求再版！这些写作图书让我成为作家，赞！👍
> 5. 想成为作家？这 10 本书，带你飞！🚀
> 6. 写作书单推荐！告别文笔拙劣，一飞冲天！🔥
> 7. 书单来了！我为你总结的写作必读佳作！💗
> 8. 提升写作能力的神奇力量！快来看这些好书！🧙
> 9. 跪求别错过！这些书让我写作无往不胜！✈️
> 10. 文笔飞速进步！亲测有效的写作图书推荐 🌈
>
> 这些标题更加符合小红书的爆款特点，您可以根据自己的实际情况和需求进行选择或修改。如果您需要进一步的帮助，请随时告诉我。

第四步，反馈迭代。如果 AI 生成的标题你仍然不满意，可以进行反馈，让 AI 再次优化。注意，反馈时尽量给出不满意的原因和优化的要求，比如增加什么细节。

> 第 5 个标题后半句没有吸引力，其他标题可以加上书单中图书的具体数量，增加读者的获得感，请你再优化一下这 10 个标题。

当然可以。以下是优化后的 10 条围绕"写作书单推荐"的小红书标题。

1. 一文掌握！10 本写作书大揭秘，成为大神就靠它们！

2. 亲测有效！5 本提升写作水平的"神"书，你值得拥有！

3. 写作进阶秘籍！8 本我亲身试过的写作水平提升利器

4. 跪求再版！6 本让我成为作家的写作图书，赞！

5. 想成为作家？这 10 本书助你一举成名！

（更多标题，略）

这些标题已经进行了优化，明确了书单中图书的数量，并修改了第 5 个标题。您可以根据自己的实际情况和需求进行选择或修改。如果您需要进一步的帮助，请随时告诉我。

注意事项

1. 学会给 AI 赋予角色，让它能够更好地匹配工作。比如要进行新媒体创作，可以赋予它相关的身份"自媒体达人""优秀的新媒体文案创作者""10 年经验的文案写手"，不同的身份，所生成回答的专业程度会有所不同。

2. 想更快地得到符合预期的爆款标题，就给 AI 发送符合标准的案例。AI 的分析、学习速度非常快，通过总结案例的特点，生成的标题会更加符合创作者的需求。建议提供案例时优先选择符合选题需求的

已获得高赞、高阅读量的文案的标题。

3. AI 的答案不一定最优，还需要创作者反馈来进行优化。因此，想写出符合各个新媒体平台的爆款标题，需要创作者在日常工作生活中多浏览相关平台，熟悉各个新媒体平台的标题风格。

更多指令参考

1. 我准备写"×××××"这个选题，你能据此生成 10 个能够吸引读者打开文章的标题吗？

2. 如果创作者非常清楚文章面向的读者群体以及标题需要包含的信息，可以参考以下指令。

   请你帮我根据"×××××"来草拟标题，可以多推荐几个，有以下 4 点要求。

   ✓ 标题中体现具体的读者群体。

   ✓ 针对读者群体的需求提供有价值的信息。

   ✓ 读者群体：×××、×××、×××、×××。

   ✓ 字数不超过 25。

   示例：职场新人不加班的 3 个秘诀，成年人社交中要注意的 4 个潜规则，让新媒体小编早下班的 5 个神级网站。

3. 当创作者已经掌握新媒体文章标题的特点时，可以参考以下指令。

   文章的标题是"××××××××××"，请按照以下方式进行改写，字数不超过 20。

   ✓ 对号入座式：加入读者特征标签，让读者产生共鸣。

   ✓ 蹭热点式：结合热点事件或名人话题，吸引读者。

   ✓ 反常识式：突破传统思维，引发读者思考。

- ✓ 自问自答式：用问题引起读者兴趣，提供解决方案。
- ✓ 悬念式：通过引起读者好奇心，吸引读者打开文章阅读。
- ✓ 场景式：通过具体场景描写，让读者产生共鸣。
- ✓ 经验分享式：分享作者的经历或技巧，满足读者需求。
- ✓ 调动情绪式：利用情绪引导，吸引读者参与。
- ✓ 强调式：用强势语气强调某个观点或行动，促使读者行动。

4.3 思路大纲：快速梳理思维逻辑

想写好一篇文章，思路清晰的大纲必不可少。大纲写得好，一定程度保证了这篇文章最后的质量不会很差。

很多时候，我们看到一个主题、一个观点或者一个热点，觉得有成为爆款的潜力，想围绕这个主题、观点或热点写篇文章，但是没有成型的想法，就可以借助 AI 来撰写文章的大纲，从而得到更多写作的思路和想法。

大多数情况下，我们给出文章的主题或者某个文章选题，AI 即可生成一份初步的大纲，过程如下。

第一步，给出要求。 直接向 AI 提出要求，并提供文章选题或者主题。

> ❓ 请帮我撰写一篇微信公众号文章，主题是"婚姻中，金钱和爱情哪个更重要？"现在请撰写这篇文章的大纲。

以下是关于"婚姻中,金钱和爱情哪个更重要?"这一主题的微信公众号文章的大纲。

一、引言

提出文章的主题:婚姻中,金钱和爱情哪个更重要?

利用热点问题或现象,吸引读者注意,引导读者思考。

二、爱情的作用

阐述爱情在婚姻中的重要作用,强调爱情的陪伴和支持作用。

列举现实生活中的案例,展示爱情在婚姻中的积极影响。

描述爱情在婚姻陷入困境时的作用。

三、金钱的作用

探讨金钱在婚姻中的重要作用,强调金钱可以为婚姻生活提供基本的物质保障。

通过真实案例,分析金钱在婚姻中的现实意义。

讨论金钱可能给婚姻带来的挑战。

四、爱情与金钱的平衡

分析爱情和金钱在婚姻中各自的优劣势。

提出在婚姻中如何平衡爱情和金钱的关系,包括沟通、理解和共同努力等方面。

五、名人观点与研究成果

引用名人关于爱情与金钱在婚姻中的观点。

分享心理学、社会学等相关领域的研究成果,从专业角度进行分析。

六、实用建议

提供实用建议,帮助读者正确看待爱情与金钱的关系。

强调婚姻中双方应共同努力、相互支持,促进婚姻生活和谐发展。

七、结论

总结文章观点：婚姻中，金钱和爱情都具有重要作用，关键在于找到合适的平衡点。

激励读者：鼓励读者在婚姻生活中珍惜爱情，理性对待金钱，共同努力创造幸福的婚姻。

这个大纲可以作为您撰写微信公众号文章的参考。根据这个大纲，您可以逐一展开每个部分，为每个部分添加详细的内容。希望对您有所帮助。

第二步，反馈建议，迭代输出。针对AI生成的大纲反馈自己在实际撰写中可能遇到的困难，要求AI根据反馈的建议进行优化。

> 这个大纲有几部分需要继续优化。
> 1. 请把引言部分再细化，有哪些热点问题或者现象可以吸引读者的注意？
> 2. 第三部分的金钱可能给婚姻带来哪些挑战，请具体说明。
> 3. 第四部分的爱情和金钱在婚姻中有哪些优劣势，也请详细说明。请将上面的大纲的每个部分逐步展开，添加更详细的内容，让创作者能够更快地完成一篇文章。

以下是关于"婚姻中，金钱和爱情哪个更重要？"这一主题的微信公众号文章大纲的优化版本。

一、引言

提出文章的主题：婚姻中，金钱和爱情哪个更重要？

引入矛盾：举例说明婚姻中金钱或情感问题而产生的矛盾或冲突，如"闪婚闪离"现象、婚姻中的经济纠纷等。

二、爱情的作用

阐述爱情在婚姻中的重要作用,强调爱情的陪伴和支持作用。

列举现实生活中的案例,展示爱情在婚姻中的积极影响。

描述爱情在婚姻陷入困境时的作用。

三、金钱的作用

探讨金钱在婚姻中的重要作用,强调金钱为婚姻生活提供基本的物质保障。

通过真实案例,分析金钱在婚姻中的现实意义。

讨论金钱可能给婚姻带来的挑战:

a. 经济压力导致双方关系紧张;

b. 消费观念不合引发矛盾。

四、爱情与金钱的平衡

分析爱情和金钱在婚姻中各自的优劣势。

a. 爱情的优势:提供情感支持,提供行为动力。

b. 爱情的劣势:无法满足物质需求。

c. 金钱的优势:解决生活所需,提供安全感,改善生活质量。

d. 金钱的劣势:可能导致关系紧张,容易让人产生依赖、过度物质化。

提出在婚姻中如何平衡爱情和金钱的关系,包括沟通、理解和共同努力等方面。

五、名人观点与研究成果

引用名人关于爱情与金钱在婚姻中的观点。

分享相关领域的研究成果,如心理学、社会学等,从专业角度进行分析。

六、实用建议

提供实用建议,帮助读者正确看待爱情与金钱的关系。

a. 增进双方沟通：定期分享感受、金钱观念和期望，消除误解和矛盾。

b. 制订合理的家庭预算：根据双方的收入和支出，制订合理的家庭预算，确保生活质量和感情稳定。

c. 保持独立：在婚姻中保持一定程度的经济独立，避免金钱问题导致的过度依赖和压力。

d. 注重感情培养：在日常生活中花时间陪伴对方，为彼此创造浪漫时刻，增进感情。

e. 理性消费：避免过度物质化的生活，关注精神层面的需求，培养健康的消费观念。

七、结论

总结文章观点：婚姻中，金钱和爱情都具有重要作用，关键在于找到合适的平衡点。

激励读者：鼓励读者在婚姻生活中珍惜爱情，理性对待金钱，共同努力创造幸福的婚姻。

这个优化后的大纲可以作为您撰写微信公众号文章的参考。根据这个大纲，您可以逐一展开每个部分，为每个部分添加详细的内容。希望对您有所帮助。

注意事项

1. AI 生成的大纲在整体结构上会比较全面，但是如果仔细看每一个板块的内容，可能还是过于宽泛。这时创作者可以针对具体的板块要求 AI 进一步细化。
2. 对于日常创作来说，给 AI 提供文章的主题，就可以轻松得到文章的大纲。如果是一些个性化的写作，应为 AI 提供更加具体的撰写信息。

更多指令参考

1. 如果有个性化的创作需求或者写作风格，可以参考下面的指令。
   请你帮我写一篇文章的大纲，这篇文章的相关信息如下。
   - ✓ 文章主题：努力和天赋哪个更重要？
   - ✓ 目标受众：职场人士。
   - ✓ 文章目的：希望通过这篇文章让读者认识到努力的价值。
   - ✓ 文章类型和风格：用故事引入，语言风格平实质朴。
   - ✓ 文章长度：1000 字左右，不超过 1500 字。
   - ✓ 关键元素：包含故事、名人金句。
2. 如果有明确的发布平台，可以将新媒体平台的名称加入指令，得到的大纲会有所不同，可以参考下面的指令。
   你是一位资深的新媒体文案创作者，请给我提供一篇适合知乎平台的文章的大纲，文章主题：全职妈妈和"职场妈妈"哪个价值更大？
3. 文体不同，大纲需求不同。比如创作者想写一篇议论文，可以参考下面的指令。

> 我准备写一篇标题为"××××××××"的文章,为了支撑这个主题,请你帮我推荐 3~4 个支撑该主题的分论点,作为这篇文章的小标题。

4.4 小红书笔记:提升新媒体矩阵输出能力

作为一位小红书内容创作者,在已经掌握小红书内容创作秘诀的情况下,如何利用 AI 更快速地生成一篇合格的小红书笔记,提升小红书矩阵,即多个小红书账号的内容创作效率,是本节要重点解决的问题。

除了可以利用 AI 批量生成标题(参见 4.1 节),笔记内容同样可以。小红书的爆款笔记主要分为三类:清单体、干货体和"种草"体。不同的笔记类型有不同的提问方式。接下来以干货体为例,演示利用 AI 创作小红书笔记的过程。

第一步,设定角色,询问标准。 当要撰写某个特定平台的文章时,给 AI 赋予一个相关平台创作者的身份,有利于它更加精准地回答问题。对于还不了解小红书笔记特征的创作者来说,可以试着向 AI 询问标准。

> 你是一位拥有 100 万粉丝的小红书博主,请你告诉我小红书爆款笔记有哪些特征?

小红书作为一个社交电商平台,吸引了众多博主和用户。想要写出爆款笔记,你需要关注以下几个特征。

1. **强烈的视觉冲击力**:优质的图片和视频能够吸引用户的注意力。尽量使用高质量、具有美感的图片或视频,确保视觉呈现效果出色。

2. **高度相关的话题**:选择热门话题,以提高内容的关注度。关注节日、热门活动等信息,挖掘用户的需求,制作相关的内容。

3. **独特的见解或角度**:尝试提供独特的观点或分享新鲜的体验,让用户在众多博主中关注到你。可以是产品评测、实用技巧、经验分享等,要有自己的风格和特色。

4. **精准的定位**:了解你的目标受众,确保内容和他们的兴趣和需求相匹配。研究用户的年龄、性别、兴趣爱好等信息,提供针对性的内容。

5. **好的文案**:内容要简洁明了且吸引人。尝试使用引人入胜的标题和有趣的描述,让用户愿意花时间阅读你的笔记。

6. **互动性**:鼓励用户参与评论和互动,回答用户的问题,与用户建立良好的关系。可以通过提问、征集意见等方式,提高用户参与度。

7. **社交媒体推广**:善用其他社交媒体平台进行推广,吸引更多的关注。可以在微博、抖音、微信等平台分享你的小红书笔记,扩大影响力。

8. **持续更新**:定期发布高质量的内容,保持活跃,让用户时刻关注你的动态。形成稳定的发布节奏,让用户习惯你的更新频率。

综上所述,制作爆款小红书笔记需要注重视觉效果、话题选择、

> 独特见解、精准定位、文案吸引力、互动性、社交媒体推广以及持续更新。只要做好这些方面，你的小红书笔记就有很大的机会成为爆款。

第二步，确认标准。 根据 AI 回复的标准进行判断和补充，如果与预期有差距，可以将自己已经总结出来的小红书爆款笔记标准提供给 AI，并记得让 AI 重复一遍，确保它真正理解和吸收，这样更有利于创作出符合创作者要求的作品。

❓ 你说的这个比较笼统，接下来我会发给你小红书爆款笔记的风格特征，请你记住这些特征，并且用你自己的语言再阐述一遍。

小红书爆款笔记的特征如下。

1. **真实经验分享**：由真实用户分享自己的经验和心得，内容真实可信。
2. **实用技巧建议**：包含了一些实用技巧和建议，帮助用户解决生活中的问题。
3. **内容有趣有料**：这些笔记不仅有实用的技巧，还有一些有趣的故事和有趣的图片，让笔记更加吸引人。
4. **笔记通俗易懂**：文字内容通常简单易懂，避免使用专业术语或复杂的语言，让读者容易理解和掌握。
5. **适当的表情符号**：表情符号让笔记生动有趣，也能够突出笔记的重点。
6. **笔记相关的标签**：加上和笔记内容相关的标签，能增加曝光。

> 根据您提供的小红书爆款笔记的风格特征，我将用自己的语言进行阐述。

第 4 章　新媒体写作

1. **真实体验**：爆款笔记需要来源于用户的真实体验和感悟，这样的内容才具有可信度和吸引力。
2. **实用建议**：提供实际可操作的技巧和建议，帮助读者解决日常生活中遇到的问题。
3. **有趣且内容丰富**：笔记中包含有趣的故事和图片，以吸引读者的注意力，使内容更具吸引力。
4. **通俗易懂**：使用简单明了的语言，避免过于专业或复杂的表达，让读者能够轻松理解和掌握内容。
5. **合适的表情符号**：适当使用表情符号，让笔记更加生动有趣，并能突出重点的内容。
6. **相关标签**：添加与笔记内容相关的标签，以提高笔记在平台的曝光率。

通过遵循这些风格特征，您可以在小红书上创作出更具吸引力和影响力的爆款笔记。

❓ 好，请你记住以上特征，并且后续严格按照这个特征来生成小红书的爆款笔记内容。

好的，我已经记住了这些特征，并会在后续为您生成小红书爆款笔记内容时严格遵循这些特征。如果您有任何关于小红书爆款笔记的需求，请随时告诉我，我将竭诚为您提供帮助。

第三步，提供主题，生成笔记。要求 AI 根据总结的特征以及选题生成笔记。

❓ 请以"为什么要多看书"为主题，写一篇小红书爆款笔记，遵循上述小红书爆款笔记的特征。

大家好，今天我要跟大家分享阅读的一些心得。我相信很多人都听过"书中自有黄金屋"，但是真正投入阅读的人却并不多。那么，为什么我们要多看书呢？让我来告诉你！✨

1. 扩展知识面 🎨

我们每天都在学习新知识，而阅读是最有效的途径之一。通过阅读，我们可以了解世界各地的风土人情，各种专业领域的知识，让自己的知识体系更加丰富且多元化。

2. 提高思维能力 💡

多看书能够锻炼我们的思维能力，学会从不同的角度看问题。阅读能够拓展我们的思维，让我们变得更聪明、更具创造力。

3. 陶冶情操 🎨

书中的美好文字和优美故事可以给我们带来愉悦的心情，让我们在忙碌的生活中得到片刻的宁静和放松。通过阅读，我们可以陶冶情操，提升自己的品位。

4. 提升沟通能力 👥

阅读可以帮助我们提升沟通能力。通过阅读我们可以积累更多的词汇、表达方式与技巧，从而在与人交流时更加自信、顺畅。

5. 培养习惯，成就未来 🏆

养成阅读的习惯，不仅能让我们在短期内受益，还能让我们在未来获得更多的机会和成就。坚持阅读，让自己的人生更加精彩！

小伙伴们，是时候拿起书本，开始阅读了！📖👍 记得给自己设定一个阅读目标，从今天开始，让阅读成为我们生活的一部分。你有什么好书推荐吗？在评论区告诉我吧！😊📚

多看书 # 阅读的力量 # 阅读习惯 # 提升自己

第四步，反馈迭代。 根据个人的需要和喜好，可以进行进一步的迭代和优化。

❓ 可以在这篇笔记中再加入一些关于读书重要性的名人金句,来增加笔记的可读性。

大家好,今天我要跟大家分享阅读的一些心得。我相信很多人都听过"书中自有黄金屋",但是真正投入阅读的人却并不多。那么,为什么我们要多看书呢?让我来告诉你!✨

1. 扩展知识面 📖

我们每天都在学习新知识,而阅读是最有效的途径之一。通过阅读,我们可以了解世界各地的风土人情,各种专业领域的知识,让自己的知识体系更加丰富且多元化。就像莎士比亚说的:"书籍是人类知识的总结。"

2. 提高思维能力 💡

多看书能够锻炼我们的思维能力,学会从不同的角度看问题。阅读能够拓展我们的思维,让我们变得更聪明、更具创造力。如同鲁巴金所言:"读书是在别人思想的帮助下,建立起自己的思想。"

(更多内容,略)

注意事项

1. 想要写出更符合平台特征的文章,给 AI 提供具体的文章标准会更好。

2. 如果不清楚平台标准,也可以使用 4.1 节介绍的方法,给 AI 提供平台的爆款文章,让 AI 先总结文章特征再生成内容,这样生成的内容更加符合要求。

3. AI 生成的小红书笔记中,符号一般会比较规整地摆放在段落的开头或者结尾。创作者在正式发布笔记时可以调整符号位置，让笔记内容看起来更加自然。

4. AI 无法获取小红书平台的数据，所以 AI 生成的笔记最后的话题词并不能保证是小红书平台浏览量高的话题。

更多指令参考

1. 假如需要撰写小红书平台的"种草"笔记，可以尝试用下面的指令。

你是一位小红书平台"种草"博主，请为 ×× 产品写一篇"种草"笔记，要求如下。

- ✓ 内容包括：产品卖点、使用场景、亲身体验。
- ✓ 多使用可爱的表情，多用空行。
- ✓ 笔记最后加标签，标签的格式是"# 标签"。

2. 假如需要撰写推荐型的笔记，可以尝试用下面的指令。

你是一位小红书精品内容推荐博主，需要你推荐三部 ××× 主题的电影，要求如下。

- ✓ 笔记第一段直接点题，用精简的文字突出这条笔记的价值。
- ✓ 为每部电影评分，用 ☆ 的多少表示，最多五颗 ☆。
- ✓ 推荐理由要客观公正。
- ✓ 引导用户和博主互动、查看往期笔记或关注即将更新的笔记。
- ✓ 在笔记的最后加上合适的标签，标签的格式是"# 标签"。

3. 假如需要撰写干货型的笔记，可以尝试用下面的指令。

你是一位小红书上具有 ×××× 能力的专业型博主，需要向关注你的用户分享实用的干货内容，笔记内容的要求如下。

- ✓ 笔记第一段直接点明主题，突出这条笔记的价值。

- ✓ 介绍××领域一个非常重要的技能/工具，用 what-why-how 的结构来写。
- ✓ 用丰富的表情符号来增加内容的可阅读性。
- ✓ 引导用户和博主互动、查看往期笔记或关注即将更新的笔记。
- ✓ 在笔记的最后加上合适的标签，标签的格式是"# 标签"。

4.5 公众号文章：激发读者认同感

在新媒体时代，公众号文章已成为传播思想、分享观点的重要渠道。而撰写公众号文章不仅需要有独特的观点，还要具备引人入胜的表达。通常创作者完成一篇文章需要经过以下 5 个步骤。

确定选题 ⇨ 优化标题 ⇨ 思路大纲 ⇨ 撰写内容 ⇨ 丰富细节

通过本章的前 3 节，我们已经可以利用 AI 轻松地完成选题、标题和大纲的撰写工作。

接下来介绍如何利用 AI 来帮助新媒体创作者更高效地完成公众号文章创作，实现与读者的深度互动，获得读者认同，提升创作者在新媒体领域的影响力？在已知文章主题的情况下，可以按照如下思路来让 AI 创作一篇公众号文章。

第一步，明确要求。 在已经确定文章标题的情况下，想要文章的质量更高，可以询问 AI 需要给它提供什么信息以便它撰写文章。

❓ 你是一位婚姻情感专家。如果我想让你围绕主题"婚姻中，金钱和爱情哪个更重要？"写一篇微信公众号文章，需要为你提供哪些信息？

> 要围绕"婚姻中，金钱和爱情哪个更重要？"这个主题撰写一篇微信公众号文章，您可以提供以下信息，以帮助我更好地了解您的需求和观点。
>
> **1.** 您的观点：您认为在婚姻中，金钱和爱情哪个更重要。您希望文章倾向于支持哪一方，或者您希望保持中立，让读者自己做出判断。
>
> **2.** 文章结构：您希望文章采用什么样的结构。例如，您可以选择让文章从两个方面进行对比分析（金钱的作用与爱情的作用），或者先分别阐述金钱和爱情的作用，再给出您的观点。
>
> **3.** 实例与案例：您是否有一些关于婚姻中金钱和爱情的案例或者故事，可以用于支持您的观点。
>
> **4.** 文章风格：您希望文章采用什么样的风格，严肃、幽默、轻松还是其他风格。
>
> **5.** 目标受众：您希望文章针对哪类读者，是已婚人士、未婚人士，还是所有人。
>
> **6.** 文章字数限制：您希望文章控制在多少字以内。
>
> **7.** 关键点：如果您有任何特别关注的问题或要求，请列出这些关键点，以便我在撰写文章时加以考虑。
>
> 一旦您提供了这些信息，我将能够撰写一篇符合您要求的微信公众号文章。

第二步，给出信息，撰写内容。 根据 AI 提出的要求，创作者补充信息，如果遇到一些还不明确的部分，可以不提供。比如实例与案例、关键点等。

> 好，请你围绕"婚姻中，金钱和爱情哪个更重要？"这个主题撰写一篇微信公众号文章。
>
> 文章相关信息要求如下。
>
> **1.** 文章的观点：希望文章在观点上保持中立，让读者自己做出判断，并积极参与文章讨论。
> **2.** 文章结构：先从两个方面进行对比，分析金钱的作用与爱情的作用，再结合文章的观点进行总结，引发读者思考和讨论，表达读者自己的观点。
> **3.** 文章风格：风格偏严肃一些，加入一些幽默轻松的元素。
> **4.** 目标受众：希望针对即将结婚和已婚的人群，女性为主。
> **5.** 文章字数限制：文章的字数控制在 1500 以内。

标题：婚姻中，金钱和爱情哪个更重要？

导语：在婚姻的世界里，金钱和爱情常常被视为两大核心元素。那么，它们究竟哪一个更重要？让我们一起探讨这个话题。

（扫码并回复关键词"451"查看 AI 生成的完整信息）

第三步，反馈优化。 AI 生成的内容通常会偏正式，内容简短，可以逐步进行优化。

> ❓ 目前这篇文章太过于空洞,请将"金钱的作用"和"爱情的作用"两个部分进行优化,要求每个点都要有相关的案例支持,用第一人称阐述。

标题:婚姻中,金钱和爱情哪个更重要?

导语:在婚姻的世界里,金钱和爱情常常被视为两大核心元素。那么,它们究竟哪一个更重要?作为一个经历过风风雨雨的已婚女性,我将从金钱和爱情两方面分享一些个人经历和看法。

(扫码并回复关键词"452"查看 AI 生成的完整信息)

第四步,丰富细节。 在大纲中会看到一些故事或者案例的描写很简短,这样作为文章来说会显得过于简单,不够丰富。因此可以让 AI 单独扩写这个片段或者这句话。

> ❓ 能否优化并扩写这段内容,使其更富有吸引力和说服力,同时保持其准确性和完整性?
>
> 在进行扩写时,希望你能在原有内容的基础上添加更多的细节和例子,让内容更加具有说服力。
>
> 原内容是:我的婚姻生活中曾有过一段经济拮据的日子,每天都在为钱而烦恼,这种压力无疑加大了婚姻的负担。

经过优化和扩写,以下是修改后的内容:

在我和丈夫刚步入婚姻殿堂的那段时间,我们的经济状况并不理想。那时候,我们都是初入职场的年轻人,收入微薄,生活中的

第 4 章 新媒体写作

各种开支让我们倍感压力。每当月底，我们总是需要精打细算，才能勉强度过艰难的日子。这种经济拮据的状态，使我们的婚姻生活蒙上了一层阴影。

在那段艰苦的日子里，我们不得不放弃许多原本美好的梦想。例如，我们曾计划在结婚周年纪念日出去度假，但由于经济问题，我们不得不取消这个计划。此外，为了节省开支，我们甚至改变了生活习惯，放弃了许多曾经喜欢的娱乐活动，如看电影、吃大餐等。在那段时期，我们每天都在为钱而烦恼，这种压力无疑加大了婚姻的负担。

然而，在经历了那段艰难时期后，我们逐渐认识到金钱并非婚姻的全部。尽管经济条件困难，我们仍然努力维系彼此之间的爱意，互相支持、鼓励，共同度过了那段时光。事实上，这段经历让我们更加珍惜对方，让我们明白了，婚姻中，爱情和金钱都很重要。但关键在于如何在二者之间找到平衡，让它们共同为我们的婚姻助力。

注意事项

1. 用 AI 写文章时最好分段优化。一篇公众号文章通常篇幅较长，一次性完稿并且写得很符合要求的概率较小。所以通过分段优化，可以获得不同段落更合适的素材，用于文章中的效果会更好。

2. AI 生成的内容中，如果某个故事或者案例不够丰富，可以单独拿出这个片段要求 AI 继续进行扩写。

3. 除了扩写一些句子和故事，也可以让 AI 帮助你改写一些已经写好的段落。

更多指令参考

1. 如果想让 AI 优化文章段落，可以用下面的指令。

我希望你能够帮我优化以下文案，使其更具吸引力，同时减少与原始文案的相似度，但不改变表达的意思。

原始文案如下：（原始文案，略）

2. 如果已有的文章缺少案例，可以用下面的指令，让 AI 帮助进行编写。

我想在文章中增加一个生动的案例，案例的主题是……主人公叫××，主人公职业是×××。

4.6 知乎文章：成为高赞作者

知乎已成为人们获取知识、分享见解的重要平台。平时喜欢浏览知乎的用户大多是带着一个具体的问题有目的地阅读。

对于一些新手创作者来说，创作专业的内容需要具备丰富的知识、深刻的见解，确实存在一定的困难。但通过 AI 的协助，迅速撰写出具有深度与独特观点的知乎高赞回答不再是难事。

经过笔者日常创作和实践，发现知乎上比较受欢迎的问答类型是问答体、故事体和清单体。接下来就以其中一种文体（清单体）为例，带大家用 AI 进行创作。

第一步，建立认知。可以询问 AI 是否了解知乎这个平台，以此来判断它是否有知乎平台文章创作风格的数据库。如果有，会更加有利于创作。

❓ 你知道知乎这个平台吗？

> 当然知道，知乎是一个知识分享平台……

第二步，统一风格。从 AI 的回答可以看出其数据库中有知乎平台的相关数据，因此可以进一步询问它知乎平台的创作风格。

❓ 你知道知乎平台上的高赞回答有什么共同点吗？

> 知乎平台上的高赞回答通常具有以下几个共同点。
> 1. **专业性**：高赞回答通常具有很强的专业性，提供的信息准确、可靠，并且内容深入。这些回答往往来自对相关领域有深刻了解的专业人士或研究者。
> 2. **逻辑性**：高赞回答在表达观点时条理清晰、逻辑严密，使读者容易理解和接受。
> 3. **文笔优美**：好的回答往往具有鲜明的个性，用词准确、句子流畅，能够吸引读者继续阅读。
> 4. **实用性**：高赞回答往往具有很高的实用性，能够解决读者实际问题或满足他们的需求。
> 5. **情感共鸣**：高赞回答有时会触动读者的内心，让读者产生共鸣和认同感。
> 6. **举例说明**：很多高赞回答会通过生动的案例、故事或详细的数据来说明观点，这有助于增强说服力，且易于理解。
> 7. **独特视角**：高赞回答往往能提供独特的观点或见解，为读者提

供新的思考方向。

总之，知乎平台上的高赞回答具有专业性、逻辑性、文笔优美和实用性等特点。这些特点使得高赞回答具有很强的吸引力，让读者愿意为其点赞和分享。

如果对这个风格有补充建议，可以再进行反馈，以此和 AI 达成创作共识。

❓ 你知道知乎平台上的高赞回答通常会使用哪几类文体吗？

知乎平台上的高赞回答通常会使用以下几类文体。

1. 讲故事型：这种文体的高赞回答往往通过讲述生动的故事或事例，引起读者兴趣，使回答生动有趣。这种文体的高赞回答通常具有很强的可读性和亲和力。

2. 解释型：这种文体的高赞回答往往通过解释、阐述、分析等方式，为读者提供深入的知识和独到的见解。这种文体的高赞回答通常具有很高的专业性和逻辑性，能够让读者更好地理解和掌握知识。

3. 亲身体验型：这种文体的高赞回答往往是基于回答者的亲身体验和经历，通过分享个人的感悟和体验，为读者提供独特的视角和思考。这种文体的高赞回答通常具有很强的吸引力，能产生情感共鸣。

4. 推荐型：这种文体的高赞回答往往是针对某一特定问题或需求，为读者提供解决方案或建议。这种文体的高赞回答通常具有很强的实用性和可操作性，能够为读者提供实用的帮助和指导。

总之，知乎平台上的高赞回答使用的文体多种多样，但都具有很

第 4 章　新媒体写作

> 高的价值和很强的吸引力,能够为读者提供知识、见解、体验或者建议。

❓ 知乎平台的高赞问答中有清单体,你知道吗?

> 当然知道。
> 在知乎平台的高赞问答中,清单体是一种非常常见的文体形式。清单体的特点是逐条罗列,条目之间通常用空格或换行隔开,以便读者阅读。清单体的优点在于简单明了,易于记忆,而且能够一目了然地展示出信息的重点和核心内容。在知乎上,清单体的应用范围很广,例如对图书、电影、音乐、美食等进行推荐,或者总结某个问题的解决方案、步骤和方法等。很多清单体的回答凭借其简洁明了的表述和实用的内容,获得很多的点赞。

第三步,生成回答。在达成共识后,可以让 AI 根据达成的创作风格共识来生成内容。

❓ 好,请你用知乎平台的文章风格,以及清单体的形式,撰写这个问题的回答。
问题:你最庆幸自己读过什么书?

> 问题:你最庆幸自己读过什么书?
> 作为一位喜爱读书的人,我曾读过许多好书,有些书总能在人生的不同阶段给我带来特别深刻的感悟和启示。下面,我列出 5 本最庆幸自己读过的书,希望对大家也有所启迪。
>
> 1.《红楼梦》—— 曹雪芹
> 这是一部充满智慧和深刻哲理的小说。曹雪芹用细腻的笔触和丰

富的细节，描绘出一个家族的兴衰和一代人的命运。这本书教会我如何看待人生中的得失，学会了珍惜眼前的美好。

…………

（扫码并回复关键词"461"查看 AI 生成的完整信息）

第四步，反馈迭代。 可以告诉 AI 自己不满意的地方，让它进行调整，使文章看起来更加流畅。

> 这段文案中，每本书的介绍的最后一句"这本书教会我 / 启示了我 / 让我懂得了……"的表达显得太过刻意。请写得更自然一些，其他部分不用改动。

问题：你最庆幸自己读过什么书？
作为一位喜爱读书的人，我曾读过许多好书，有些书总能在人生的不同阶段给我带来特别深刻的感悟和启示。下面，我列出 5 本最庆幸自己读过的书，希望对大家也有所启迪。

1.《红楼梦》—— 曹雪芹
这是一部充满智慧和深刻哲理的小说，曹雪芹用细腻的笔触和丰富的细节，描绘出一个家族的兴衰和一代人的命运。教会了我如何看待人生中的得失，学会了珍惜眼前的美好。

…………

因为推荐的是图书，还可以再进一步优化。

> 可以给每本书的介绍中加入豆瓣评分的数据或者其他受欢迎的证明，来证明这些书很值得看吗？其他部分不用改动。

> 问题：你最庆幸自己读过什么书？
>
> 作为一位喜爱读书的人，我曾读过许多好书，有些书总能在人生的不同阶段给我带来特别深刻的感悟和启示。下面，我列出 5 本我最庆幸自己读过的书，希望对大家也有所启迪。
>
> **1.**《红楼梦》—— 曹雪芹 豆瓣评分：9.5 分。
> 这是一部充满智慧和深刻哲理的小说，曹雪芹用细腻的笔触和丰富的细节，描绘出一个家族的兴衰和一代人的命运。教会了我如何看待人生中的得失，学会珍惜眼前的美好。
> …………

注意事项

1. 在借助 AI 撰写文案时，可以提前询问它是否了解这个新媒体平台。作为一位成熟的新媒体从业者，可以在 AI 生成的内容的基础上进行修改，从而得到更符合平台调性的文案。

2. 知乎的高赞回答与其他新媒体平台文案有所不同。知乎更多以用户主动提问为主，所以想写出一篇高赞回答的前提是需要选择一个"高赞的"问题，才更可能被用户看到。可以在知乎平台的人气问题板块筛选有潜力的问题。

3. 本节以书评为例，后期加入了豆瓣评分的内容，但由于 AI 的数据有一定滞后性，所以这些评分目前大多已经产生变化。如果在创作过程中涉及一些数据的内容,创作者在发布前务必进行更新。

更多指令参考

1. 请你用知乎平台的文章风格,以及×××(清单、故事、问答、推荐等)体的形式,撰写这个问题的高赞回答。问题是:××××。
2. 以×××为开头,写一篇小说。
3. 知乎平台的文章的风格:用"谢邀"开头,回答中使用很多学术语言,引用很多名言。请用这种风格写一篇文章,推荐电影《××××》。

4.7 短视频脚本:打造爆款很简单

当下,越来越多的用户更喜欢浏览短视频而非图文内容,短视频已逐步成为吸引关注的主要方式。

短视频制作其实并不简单,包含脚本创作、拍摄、剪辑等多个环节,而脚本更是重中之重。以往创作一个短视频脚本可能就需要一天的时间,但是现在用 AI 可以非常轻松地写出引人入胜的开头、紧凑的情节和令人难忘的结尾,提升短视频的吸引力和传播力。

如何借助 AI 深度挖掘话题,找到切入点,引发观众共鸣,从而打造爆款短视频?现在就一起来看看吧。

目前比较火的短视频主要是两种类型,一种是知识类的短视频,另一种是剧情类的短视频。先来看看知识类短视频的口播文案的创作流程。

第一步，设定角色。 短视频口播文案通常篇幅较短，所以 AI 通过学习的方式，能够快速生成符合要求的内容。

❓ 你是一位资深的短视频编导，我现在想让你帮我创作一个短视频口播文案，在这之前，我会给你一个口播文案，请你学习并总结这个口播文案的特点。

［当然可以！请您提供口播文案，以便我进行学习和分析。］

第二步，提供案例。 提供口播文案给 AI，让它学习。

❓ 好孩子都不是"吼"大的，更不是"吓"大的！
多跟孩子说这五句话，你越夸，他越优秀。
我干了十多年家庭教育，用这五句话帮助了很多学生。
建议先点个红心收藏起来，想看时容易找到。
第一句，"今天作业写得认真，这些字没有一个写出格的。"
这是在夸态度，态度很重要，态度决定行动。
第二句，"你整理的书桌比我整理的还要好。"
这是在夸习惯。好习惯从小培养，从小事上培养。让孩子养成做事有条理的习惯，受益一生。
（更多内容，略）
各位家长记住了吗？

从这个口播文案中，我们可以总结出以下几个共同点。

1. **强烈的开场吸引力**：通过提出一个引人关注的问题或观点，立刻吸引听众的注意力，如"好孩子都不是'吼'大的"。
2. **结构清晰**：将主要内容分成几个明确的点，如这个脚本中的五句夸孩子的话，让听众更容易理解。
3. **实用性和教育性**：提供具有实际价值的建议和信息，使听众能够在日常生活中应用这些知识。
4. **情感共鸣**：用真诚、亲切的语言表达，让听众产生情感共鸣。如使用"妈妈"这个词，让家长产生共鸣。
5. **引导互动**：鼓励听众参与互动，如"建议先点个红心收藏起来"，提高视频的互动性和传播力。
6. **语言简洁明了**：用简单易懂的词汇和表达，让听众更容易理解和记住。
7. **结尾重申主题**：在结尾部分再次强调主题，让听众对整个内容有更深刻的印象。

将这些共同点运用到您的短视频脚本创作中，有助于提高视频的吸引力、传播力和实用性。

第三步，总结分析。 可以为 AI 提供多个案例，让它进行分析。此处省略第二个文案的分析。

❷ 请你总结一下上面两个文案的共同特点。

结合以上两个文案，我们可以总结出以下共同特点。

（具体内容，略）

第四步，提供主题。 当 AI 知道了爆款文案的特点之后，可以给它明确的主题,让它按照以上总结的特点进行撰写。

> ❓ 请你按照以上爆款短视频口播脚本的共同点,围绕主题"如何避免孩子成为讨好型人格",创作一个短视频口播文案。

【开头】你知道吗?讨好型人格可能让孩子一生都陷入无尽的焦虑与压力。那么,如何避免孩子成为讨好型人格呢?
跟着我一起来看看这五种方法吧!
【1】教孩子学会拒绝
让孩子明白,他们有权利说"不",不需要为了讨好别人而违背自己的意愿。这样,孩子会逐渐建立自己的底线,不会为了讨好别人而委屈自己。
【2】培养孩子独立思考的能力
让孩子学会分辨对与错,自己做出选择。这样可以帮助孩子建立自信心,不轻易受到外界的影响。
【3】赞美孩子的品质而非成绩
当孩子表现出勇敢、诚实、善良等品质时,给予肯定和赞美。这样可以让孩子明白,他们的价值不在于取悦别人。
【4】教孩子处理人际关系
教育孩子正确处理人际关系。让他们明白,人际关系中,尊重与被尊重同样重要。这样,孩子在与人相处时能保持自己的个性,而不是一味地讨好别人。
【5】以身作则,树立榜样
作为家长,要以身作则,树立榜样。让孩子看到你在面对压力和困难时,如何保持自我、坚定信念。这样,孩子会潜移默化地学会如何处理类似问题。
【结尾】家长们,让我们从现在开始行动,用这五种方法帮助孩子避免成为讨好型人格，让他们成为独立、自信的人！记得收藏、点赞、分享，让更多家长了解这些方法！

第五步，反馈迭代。根据 AI 生成的文案，进行反馈，从而生产更加匹配优质的脚本内容。

❓ 这每种方法有点虚，不够具体，可以再具体一些，而不只是讲道理。

【开头】你知道吗？讨好型人格可能让孩子一生都陷入无尽的焦虑与压力。那么，如何避免孩子成为讨好型人格呢？
跟着我一起来看看这五种具体实用的方法吧！
【1】教孩子学会拒绝
通过角色扮演的方式，模拟各种场景，让孩子在安全的环境中练习如何礼貌地拒绝。让孩子明白，他们有权利说"不"，不需要为了讨好别人而违背自己的意愿。
【2】培养孩子独立思考的能力
鼓励孩子提出自己的观点，不要一味地追求一致。可以让孩子在家庭决策中发表意见，比如选择周末活动或晚餐菜单，让他们学会分辨对与错，自己做出选择。

（更多内容，略）

学习完短视频口播文案的创作，我们再来看看如何用 AI 创作偏剧情类的短视频脚本。

第一步，设定角色，询问要求。 短视频脚本创作的空间很大，如果不给 AI 提供具体的需求，AI 生成的脚本可能无法使用。所以尽量在撰写前先给 AI 赋予短视频创作者的身份，并询问它需要提供的信息。

> ❓ 你现在是 YouTube 平台著名的短视频博主，现在需要你帮我创作短视频脚本。我需要提供哪些信息，才能让你创作出更有吸引力的短视频脚本呢？

要创建一个有吸引力的短视频脚本，您需要提供以下信息。

1. **视频主题**：您希望视频涉及哪些主题或领域，可以是教育、娱乐、科技、时尚等任何领域。
2. **目标受众**：您的视频主要面向哪类观众，了解您的目标受众有助于我创建更符合他们兴趣和需求的内容。
3. **视频时长**：您希望短视频的时长是多少，一般来说，短视频时长控制在 15 秒至 3 分钟之间最佳。
4. **类型和风格**：您希望视频是哪种类型，采用什么风格，例如，知识讲解、实验演示、幽默搞笑、严肃认真等。
5. **关键点和信息**：请列出您希望在视频中涵盖的关键点和信息。这有助于确保我生成的脚本中包含您认为最重要的内容。
6. **品牌和产品信息**：如果您希望在视频中推广品牌或产品，请提供相关信息，如产品特点、优势、使用场景等。
7. **视频元素**：如果您有特定的视频元素（如动画、字幕、音乐、视觉效果等）要求，请告知我，以便于我进行规划。
8. **互动和参与**：请告诉我您是否希望在视频中增加互动元素，例如问答、挑战、投票等，以增加观众参与度。

9. 其他特殊要求：如果您有其他特殊要求或需要注意的事项，请一并告知我。

提供这些信息后，我将能够为您创作更有吸引力的短视频脚本。

第二步，给出信息。根据 AI 提出的要求补充信息，如果遇到一些还不明确的部分，可以不提供。

❓ 以下是我提供的一些信息，希望能帮助你创作更吸引人的短视频脚本。

1. 视频主题：关于亲子教育，如何避免孩子成为讨好型人格。
2. 目标受众：目标人群是 6~15 岁年龄段孩子的父母，让他们意识到孩子养成讨好型人格的危害，以及如何鉴别和避免。
3. 视频时长：1 分钟。
4. 视频风格：情景剧和知识讲解相结合的形式。

根据您提供的信息，我为您创作了一个关于亲子教育的短视频脚本。以下是脚本内容。

开场画面：镜头展示一位父母与孩子的日常互动。

旁白（00:00-00:05）：许多孩子会不自觉地养成讨好型人格。作为家长，我们如何帮助孩子避免这种人格特质呢？

情景一（00:06-00:15）：孩子在家中完成了一项任务，期待得到父母的表扬。父母过度表扬，孩子感到非常开心。

旁白（00:16-00:20）：过度表扬会让孩子过分依赖他人的认可，从而养成讨好型人格。

情景二（00:21-00:30）：孩子在学校遇到挫折，但为了取悦老

第 4 章　新媒体写作

师和同学,他不敢表现出自己的情感,强颜欢笑。

旁白(00:31-00:35):鼓励孩子表达自己的情感,让孩子知道他的感受很重要,有助于避免孩子成为讨好型人格。

情景三(00:36-00:45):孩子在家中犯了错误,父母耐心地指导,而不是指责。孩子学会了面对错误,并从中吸取教训。

旁白(00:46-00:50):给予孩子充分的信任,让他们知道错误是成长的一部分,可以帮助他们建立自尊心。

结尾(00:51-01:00):父母和孩子一起度过愉快的时光,彼此分享心情和经历。镜头拉远,展现和谐的家庭氛围。

旁白(01:01-01:05):通过耐心引导、信任支持和关爱陪伴,我们可以帮助孩子建立健康的人格特质,避免成为讨好型人格。

这个脚本结合了情景剧和知识讲解的形式,旨在引起目标观众的共鸣,并提供有效的解决方案。希望这个脚本对您有所帮助!

第三步,细化情景。 生成基础的短视频脚本之后,为了方便演员演绎,可以细化其中的情景,如补充具体的画面和台词。

❓ 请把情景三进行细化,如演员的动作、神态和对话。

情景三细化:

镜头一(00:36-00:40):孩子在客厅里不小心打翻了一杯果汁,果汁洒在了地毯上。孩子紧张地看着父亲,担心会受到责备。

父亲(镜头对准父亲,微笑着):没关系,我们都会犯错误。来,我们一起把它擦干净吧。

镜头二(00:41-00:45):父亲拿来抹布,和孩子一起轻轻地擦拭地毯上的果汁。孩子开始放松,明白自己犯错误也能得到理解和支持。

孩子(露出微笑):谢谢你,爸爸。我下次会小心的。

在这个细化的情景中,父亲以宽容和理解的态度面对孩子的错误,引导孩子学会从错误中吸取教训,而不是害怕犯错。通过这种互动,孩子可以逐渐培养自尊心和自信心,避免成为讨好型人格。

第四步,反馈迭代。为了便于演员、摄影、剪辑都能更好地理解脚本的需求,这时我们可以要求 AI 将这个脚本转化为表格的形式呈现。

❓ 很好,请用表格的形式展示情景三这部分的脚本内容。

镜头	角色	动作/场景描述	对话内容
镜头一	孩子	在客厅里不小心打翻了一杯果汁,果汁洒在了地毯上	无
	父亲	注意到孩子的紧张和担心	无
镜头二	父亲	镜头对准父亲,微笑着	没关系,我们都会犯错误。来,我们一起把它擦干净吧
镜头三	孩子	放松,开始擦拭地毯上的果汁。	无
	父亲	和孩子一起轻轻地擦拭地毯上的果汁	无
镜头四	孩子	露出微笑,表达感激	谢谢你,爸爸。我下次会小心的

这个表格展示了情景三中的角色、动作/场景描述以及对话内容。通过这种形式,可以更清晰地了解每个镜头的具体情况和角色之间的互动。

注意事项

1. 剧情类的短视频脚本创作范围较广，如果提供给 AI 的信息元素较少，AI 所创作的脚本可能存在很多的不合理性。所以如果想创作这类短视频的脚本，建议按照 AI 的要求来提供信息。
2. 因为 AI 缺乏一些素材库，像短视频脚本里涉及的音乐部分，就不适合用 AI 来完成，因为大多数歌曲可能是素材库中不存在的。
3. 短视频脚本有很多种呈现形式，为了不局限 AI 的创作，一开始可以不必要求它一定要用表格形式呈现，可以等待脚本内容符合预期后，再优化格式。

更多指令参考

1. 用电影《×××》的台词风格的旁白，描述一个女生在下雨天等车的场景。
2. 我想让你担任一部文艺片的编导，帮我生成一个好久不见的情侣在公园里回忆校园生活的故事，场景必须是公园里，情侣年龄在 20 岁到 30 岁。

4.8 豆瓣书评：快速发掘一本书的魅力

如今书评已成为图书推广与传播的关键环节。快速写出一篇好的书评，也成了很多自媒体博主的必备能力。

写出好的书评需要深入了解图书内容，同时具备独特的见解和一定的文字表达能力。现在借助 AI，新媒体创作者可以高效地完成书评创作，快速挖掘图书价值。

下面介绍借助 AI 撰写豆瓣书评的思路和方法。

第一步，设定角色。 根据要撰写文章形式的不同，可以赋予 AI 不同的人设。

> 你现在是 ××× 报著名的评论记者，我提供给你一本书的信息，请你对这本书做出专业的评价。

> 好的，请告诉我这本书的信息，我会尽力给出专业的评价。

第二步，提供信息，生成书评。 可以将图书信息提供给 AI，包含书名、作者和内容简介即可。

> 书名：《纳瓦尔宝典》
> 作者：Eric Jorgenson
> 内容简介：致富不仅仅靠运气，幸福也不是从天而降的。积累财富和幸福生活都是我们可以且需要学习的技能……

> 《纳瓦尔宝典》是一本非常有启发性和实用价值的图书。作者 Eric Jorgenson 在书中对硅谷知名投资人纳瓦尔的智慧箴言录进行了精心整理和总结,尤其是关于财富积累和幸福人生的原则和方法。
>
> 这本书主要分为两个部分,一部分是介绍纳瓦尔的投资经验和财富积累原则,另一部分则是介绍纳瓦尔的幸福哲学和生活态度。在这两个部分中,作者通过详细的案例和精辟的分析,向读者阐述了如何通过专长和杠杆实现财富积累,以及如何通过正确的生活态度和价值观获得幸福。
>
> 书中的智慧箴言不仅具有理论意义,而且非常实用。例如,作者提出了"找到杠杆""分清主次""保持耐心"等实用的财富积累和人生哲学原则,这些原则可以帮助读者更好地理解和掌握人生和财富的规律,更好地实现自己的目标和愿望。
>
> 总的来说,《纳瓦尔宝典》是一本值得一读的好书,它不仅告诉读者如何积累财富,还能够启发读者对人生的思考和理解。无论是投资者、创业者还是一般读者,都能从这本书中获得实用的启示和帮助。

第三步,反馈迭代。根据 AI 生成的书评,可以针对性给出修改建议。这里可以提示 AI 使用第一人称来修改。为了避免与 AI 对话过程中出现信息断层,建议这里给出之前的指令信息。

> ❓ 你现在是 ××× 报著名的评论记者,我提供给你一本书的信息,请你对这本书做出专业的评价。要求必须用第一人称,描述你的阅读体验和收获。
>
> 这本书的信息:

> 书名：《纳瓦尔宝典》
> 作者：Eric Jorgenson
> 内容简介：
> 致富不仅仅靠运气，幸福也不是从天而降的……
> （此处介绍与上面的一致，故省略）

当我开始阅读《纳瓦尔宝典》时，我对这本书的期望并不高。我以为它只是一本关于投资和财富的书，会让我感到乏味和枯燥。然而，在我开始阅读之后，我很快就被它吸引住了。

（更多内容，略）

注意事项

1. 在撰写书评时，可以给 AI 设定一个相关性较高的身份角色，会提升它回答的质量。
2. AI 目前还无法获取整本书的信息，所以需要创作者提供给它。图书内容越详细越好。
3. 提供作者名的时候，如果是国外作者，建议使用其英文名。
4. 因为 AI 目前还无法获取整本书的信息，所以当给出的书评涉及作者评价或者事件时，建议进行核查，以确保书评的专业性和可读性。

> **更多指令参考**
>
> *1.* 身份假定参考。你是一位著名作家、×× 领域的学者/专家。
> *2.* 写一下《×××》这本书的介绍。
> *3.* 谈一谈《××××》这本书的读后感。

4.9 旅游攻略：轻松规划游遍天下

当下，发布旅游攻略已成为旅行博主吸引关注的重要手段。撰写旅游攻略需要对旅游地点具备全面的了解和研究，要能够梳理旅游线路、景点介绍、美食推荐等信息，以及清晰流畅地表达建议和心得，准确地将信息传达给读者。

但是，很多创作者因为地域的限制，以及旅游时间的限制，无法做到让旅游规划的每一个细节都完美。而通过 AI 的协助，创作者能够深度挖掘旅游资源，找到独特的切入点，从而让旅游攻略更具吸引力，为读者提供有价值的参考和指导。

接下来，一起试试借助 AI 撰写旅游攻略，帮助读者轻松规划行程，成为新媒体领域的旅游专家。

第一步，设定角色，询问要求。想得到一篇完善且贴近实际的旅游攻略，就需要提供具体的信息，因此可以先询问 AI 撰写旅游攻略需要提供的信息。

❓ 你是武汉知名的导游，我马上要到武汉旅行，大概待三天，想让你给我出一篇详细的旅游攻略，我需要给你提供哪些信息？

> 非常感谢您选择来武汉旅游！为了更好地帮助您规划旅行，我需要了解以下信息：
>
> **1.** 您的出行日期和时间，以便安排您的行程；
>
> **2.** 您的人数和出行方式，例如自由行、跟团游、租车等；
>
> **3.** 您旅游的目的和偏好，例如文化古迹、美食、自然风景等；
>
> **4.** 您的旅游预算，以便安排合适的景点、住宿和餐饮；
>
> **5.** 您的住宿安排，以便将住宿地点与旅游景点进行搭配，减少不必要的时间浪费；
>
> **6.** 您的兴趣爱好和身体状况，以便安排适合您的旅游活动和行程。
>
> 提供这些信息后，我可以为您生成一篇详细的武汉旅游攻略，包括景点介绍、路线规划、餐饮推荐等，以确保您的武汉之行愉快、充实。

第二步，给出信息。 获得具体要提供的信息维度后，可以将相关信息提供给 AI，不确定的可以暂时不提供，或者让 AI 给出建议。

❓ 好的，这是我的一些信息。

1. 出行日期：2023 年 4 月 15 日。

2. 人数和出行方式：一家四口，包含爸爸妈妈和我老公

3. 旅游的目的和偏好：想看看武汉的风景以及吃武汉的美食。

4. 旅游预算：暂无，你把预算标注一下，我自己的选择。

5. 住宿安排：请你给我推荐。

6. 兴趣爱好和身体状况：父母年纪较大，不适合剧烈运动。

非常感谢您提供的信息！根据您的需求和偏好，以下是您武汉三天旅游的攻略。

第一天

上午：武汉博物馆

武汉博物馆是一座以文物收藏为主，兼有艺术品、动植物标本等展品的大型综合性博物馆。在这里可以了解武汉的历史和文化。博物馆开放时间为周二至周日 9:00-17:00，门票免费。

中午：户部巷美食街

户部巷美食街是武汉著名的小吃一条街，有众多的美食，例如热干面、豆皮、鸭脖等。在这里可以一边品尝美食，一边了解武汉的历史文化。

下午：江滩公园

江滩公园是武汉市中心的一个美丽的公园，有美丽的景色和丰富的文化活动。您可以在这里欣赏汉江风光，散步休闲，还可以坐游船游览江景。

晚上：蛇山夜市

蛇山夜市是武汉著名的夜市之一，有各种美食、特色商品等。在这里可以体验武汉夜生活文化。

住宿推荐：可以选择汉口商业区、江汉路商业区等地，交通便捷，且周边有众多美食和购物场所。

第二天

（中间的内容，略）

以上是基于您提供的信息为您制订的武汉旅游攻略，希望能为您的旅行带来愉悦的体验。对于预算问题，您可以根据需求和要求选择合适的酒店和餐厅。一般来说，武汉市区内的三星级

> 到五星级酒店价格在每天 400 元到 1500 元不等，中式餐厅人均消费一般在 50 元到 150 元之间。
>
> 当然，您也可以根据自己的实际情况告诉我具体的预算，我会根据您的预算为您推荐更加合适的餐厅和酒店。
>
> 最后，需要提醒的是，旅游时一定要注意安全和健康，尽量避免剧烈运动和过度疲劳；要注意饮食卫生，做好防晒和防寒措施。
>
> 希望您在武汉旅行愉快！

第三步，匹配平台，撰写优化。 因为我们最终是要在新媒体平台上发布旅游攻略，所以当一个基本的旅游规划完成后，可以通过 AI 进行进一步优化，要求其匹配某一个新媒体平台的风格。

❓ 你是小红书的优质旅游博主，我一会给你发一个武汉三天的旅游规划。请你根据小红书平台的文章风格进行改写和呈现。注意要在我给你发的旅游规划基础上改写。

> 好的，请您将武汉三天的旅游规划发给我，我会根据小红书平台的文章风格进行改写。

❓ 以下是一个武汉三天的旅游攻略。

> 第一天
>
> 上午：武汉博物馆
>
> 武汉博物馆是一座以文物收藏为主，兼有艺术品、动植物标本等展品的大型综合性博物馆。在这里可以了解武汉的历史和文化。博物馆开放时间为周二至周日 9:00–17:00，门票免费。
>
> （这个攻略即为刚才 AI 生成的内容，此处省略）

武汉三天探秘之旅 | 从历史到美食,感受这座城市的无尽魅力 ✨

📌 Day 1:领略武汉的历史文化与美食

📍 上午:武汉博物馆 – 这里是了解武汉历史文化的好地方,而且免费哦!

🍜 中午:户部巷美食街 – 武汉美食街的代表,快来品尝热干面、豆皮、鸭脖等地道小吃吧!

🌸 下午:江滩公园 – 欣赏美丽的汉江风光,还可以乘游船欣赏江景哦!

🏙 晚上:蛇山夜市 – 在这里品尝美食,感受武汉夜生活的独特魅力。

🛏 住宿推荐:汉口商业区、江汉路商业区,交通方便,周边设施齐全。

📌 Day 2:古典与现代的碰撞,探索武汉的多元风貌

(中间的内容,略)

武汉三天的探秘之旅,会让你感受到这座城市的无尽魅力。在旅行过程中,请注意安全与健康,避免剧烈运动和过度疲劳,注意饮食卫生,做好防晒和防雨措施。祝您在武汉度过一段难忘的时光!#武汉三天游##武汉旅行##探索武汉# ✿

第四步,反馈迭代。AI 生成新的旅游攻略后,可以对一些不满意的细节进行反馈,让 AI 进行优化迭代。

❓ 这段文案中缺乏自己旅游的亲身体验,缺乏真实感。请改写其中一天的行程,加入真实体验和推荐理由。

武汉三天探秘之旅 | 从历史到美食,感受这座城市的无尽魅力 ✨

📌 Day 1:领略武汉的历史文化与美食天堂

📍 上午：武汉博物馆 – 这里是了解武汉历史文化的好地方，而且免费哦！上次我去参观时，令我印象深刻的是展厅内的古代青铜器，这些器物让我仿佛穿越到了三千年前。

🍜 中午：户部巷美食街 – 武汉美食街的代表，快来品尝热干面、豆皮、鸭脖等地道小吃吧！在我的武汉之行中，我尝试了一家叫"老汉口热干面"的小店，味道真的非常棒，让我永生难忘！

🌳 下午：江滩公园 – 欣赏美丽的汉江风光，还可以乘游船欣赏江景哦！我在这里漫步时，偶遇了一场露天音乐会，那天阳光正好，春风徐来，听着美妙的旋律，我陶醉在美丽的武汉江滩之中。

🏙 晚上：蛇山夜市 – 在这里品尝美食，感受武汉夜生活的独特魅力。

🏨 住宿推荐：汉口商业区、江汉路商业区，交通方便，周边设施齐全。我在江汉路商业区住过"江景精品酒店"，窗外就是长江美景，晚上江风轻拂，非常惬意。

（后续内容，略）

注意事项

1. 撰写新媒体平台上发布的旅游攻略时，可以分两步进行。先让 AI 给出旅游规划，并针对这个规划不合理的地方进行调整；等旅游攻略的主体内容完成，再改成符合新媒体平台的文风，能一定程度确保旅游攻略的可读性。

2. 因为旅游规划涉及的内容篇幅可能较长，AI 生成内容的过程可能会出现中断，这个时候发送指令"续写"，即可让它完成剩余内容的撰写。
3. 旅游攻略涉及实地游玩，所以信息要尽量具体，因此使用 AI 撰写时，先询问 AI 需要提供哪些信息。

更多指令参考

1. 我想去 ××（地点）旅游三天，请你作为导游给我撰写一份详细的旅游攻略。
2. 请帮我排一个 × 天 × 夜的 ××（地点）旅游行程，并把行程以表格形式呈现。
3. 周末带女朋友去郑州人民公园看郁金香，做一份详细游玩攻略和郁金香拍摄技巧。
4. 我想让你当导游。我会给你我的位置，你会建议我去附近的哪些地方参观。在某些情况下，我还会告诉你我要去的地方的类型。你也可以给我推荐离我很近的同类型的地方。我的第一个建议是"我在中国/上海，我只想参观近代建筑"。

4.10 朋友圈文案：让好友忍不住给你点赞

在新媒体写作中，有一个不同于知乎、小红书、微博等公共平台的地方，就是微信朋友圈，这是属于创作者的私有圈子。现在越来越多的新媒体创作者，会把其他平台的用户导入微信，通过运营朋友圈来和用户建立信任，长期经营可能还会带来更多的收益。

经营朋友圈，是新媒体从业者日常的工作。写出有吸引力的朋友圈文案，是获得朋友关注、后续能够盈利的关键。

那么如何运用 AI 来撰写朋友圈文案，提升朋友圈的吸引力呢？不如试试按照下面的步骤，让 AI 来撰写日常的朋友圈文案。

第一步，询问建议。 当你不知道什么样的朋友圈文案能够吸引人点赞，没有灵感的时候，不妨询问一下 AI。

💬 你知道怎么写出吸引人点赞的朋友圈文案吗？

当然了，吸引人点赞的朋友圈文案需要包含几个关键要素：幽默、简洁、真实、富有情感以及具有话题性。下面是一些建议，可帮助你撰写出吸引人点赞的朋友圈文案。

1. 使用幽默元素：幽默是一种很好的吸引人们注意力的方式，可让他们心情愉悦。在文案中加入一些幽默元素或者令人轻松的玩笑，可以让人们更愿意为你点赞。

2. 保持简洁：尽量使用简短的句子和词语，避免长篇累牍。简洁的文案更容易吸引人们的注意力，也让人们更容易理解你想要表达的信息。

3. 呈现真实的自己：在文案中展现你的真实情感和生活，让人们感受到你的真诚。不要刻意制造虚假的形象。

4. 添加情感元素：在文案中加入一些情感元素，例如温馨、感慨、激情等，能够引起读者的共鸣。你可以描述一段美好的回忆表达对朋友的感激之情，或者分享一次特殊的经历。

5. 关注热门话题：可以关注一些时下热门的话题，如节日、热门电影、新闻事件等，并将这些话题融入你的文案。这样可以让你的朋友圈文案更具话题性，增加点赞的可能性。

按照上述建议，你可以撰写出能吸引人点赞的朋友圈文案。但请注意，不要过分追求点赞数量，真实地表达自己才是最重要的。

第二步，给出需求，撰写文案。 当 AI 给出对应建议后，你可以给出具体的撰写背景，要求它按照上一步的建议撰写文案。

> 很好，根据你的这几个建议，请帮我写一篇吸引人点赞的朋友圈文案。
> 背景：五一假期我去武汉玩了三天，回来后我想发一条朋友圈，请给我写一篇朋友圈文案，能够吸引我的朋友点赞。

"五一假期，我在武汉度过了美好的三天！🎉😊 漫步在长江大桥上，感受江水奔涌；品尝了地道的热干面，辣中带着满足的味道；走进黄鹤楼，听风吟古诗。在这个假期里，我收获了满满的快乐与感动。感谢武汉的热情款待，期待下次再相见！"

这条朋友圈文案简洁地表述了你在武汉度过的美好时光，同时添加了一些情感元素和武汉特色，更容易让你的朋友们产生共鸣，从而点赞。

第三步，反馈迭代。 根据 AI 给出的朋友圈文案，你可以要求 AI 加入你的日常风格进行调整。

> 这个文案太文艺了，请你再写得幽默一些。

"五一假期，武汉之行，我的三天美食之旅！😄 从热干面到鸭脖,辣得我舌头和胃都在跳舞! 🎵🌶 探寻黄鹤楼的神秘,仿佛穿越到了古代诗人的世界,只可惜没有找到黄鹤 😅。三天的奔波,虽然有点累,但还是忍不住想说:武汉,下次再见!"
这条朋友圈文案通过幽默的方式,描述了你在武汉的美食之旅和文化体验,同时保持了简洁和真实,应该能吸引你的朋友们点赞。

因为一篇好的朋友圈文案通常是要配图的,所以在文案确定后,还可以让 AI 给你提供一些配图建议,帮助你更好地完成这条朋友圈。

💬 接下来请你为这条朋友圈文案提供配图建议。

为了更好地展示你在武汉的五一假期,你可以选择以下几种类型的照片来搭配你的朋友圈文案。

1. **美食照片**:包括你品尝的地道武汉美食,如热干面、鸭脖等,可以让朋友们感受到武汉的美食文化。
2. **名胜古迹**:黄鹤楼等著名景点的照片,可以展示你在武汉的文化体验。
3. **自拍照**:在武汉各个景点拍摄的一些自拍照或者合照,展示你在武汉的快乐时光。
4. **武汉风光**:可以是武汉的特色建筑、风景等,如长江大桥、东湖绿道等,展示武汉的美丽风光。
5. **轻松幽默**:记录的一些有趣的时刻,如你在武汉吃辣味美食时满脸通红,或者在黄鹤楼前假装寻找黄鹤,增加幽默感。

你可以将这些照片做成合集,以轮播的形式在朋友圈展示,让朋友们更好地感受到你在武汉度过的美好时光。同时,这些照片也能够增加你朋友圈文案的吸引力,提升点赞数量。

注意事项

1. 朋友圈文案的风格一般是口语化的。而 AI 通常在第一次撰写文案时,风格往往比较偏书面语,这时候可以提醒它使用"接地气、口语化"的风格来撰写,让它给出的文案更像人平时说话的口吻。
2. 如果你想要写一篇朋友圈"种草"文案,就要注意这样的文案一般不能写得营销味太浓,如果不加限制,AI 就会写成硬广,所以要发布指令时,记得要求它体现自己真实的使用感受,不要直接推荐产品。

更多指令参考

1. 如果想写朋友圈"种草"文案,可以参考下面的指令。

   我想在朋友圈中推荐自己最近在用的一款×××眼霜,帮我写一篇"种草"这款眼霜的朋友圈文案,150 字左右,要求用第一人称,体现自己真实的使用感受,不直接推荐产品,侧面说明好用即可。语言可以活泼一些。

2. 帮我想 3 篇朋友圈文案,每篇字数都控制在 50 以内,文案的目的是告诉大家今天是我恋爱的周年纪念日,文案背景为我和我女朋友恋爱两年,经历许多,但是依旧快乐、幸福。

3. 现在请你用以下框架,写一篇朋友圈种草文案,向朋友们推荐×××。

   一、痛点问题

   二、情感引导

   三、解决方案

四、行动号召

五、强调意义

要求：用第一人称，体现自己真实的使用感受，不直接推荐产品，语言可以活泼一些，字数在 150 左右。

第 5 章

调查研究与论文写作

5.1 自动翻译：让 AI 成为高效翻译助手

在企业与多国客户合作的过程中，准确和高效的翻译会极大地提升工作效率、减少沟通成本。

相比传统机器翻译，大家更期待翻译工具具备人性化交流、个性化表达、多语种同时翻译等功能，而这些都可以通过 AI 实现。

AI 能够理解上下文，生成比传统机器翻译更自然和准确的翻译；还可用于多种语言对话的场景，使不同语言之间的翻译更准确。

使用 AI 进行翻译的思路如下。

第一步，设定身份。先为 AI 赋予翻译助理的身份，让它明确自己的职责。

❓ 你能翻译多少种语言？

> 我可以翻译超过 25 种语言，包括但不限于英语、中文、法语、德语、日语、韩语、西班牙语、意大利语、葡萄牙语等。如果您需要翻译其他语言，可以告诉我，我会尽力满足您的需求。

❓ 你现在是我的英文翻译助理，我只需要你帮我将中文翻译成英文，不需要回答问题，请问你明白吗？

> 我明白，作为您的个人翻译助理，我将帮您将中文翻译成英文，不回答问题。

第二步，进行测试。 直接输入想翻译的句子，不再下达任何指令，测试 AI 是否真正理解自己的翻译助理身份。从下面的对话可以看到 AI 没有真正理解它的身份。

❓ 客户您好，这是您需要的产品订单详情，请您查收。

[Hello customer, this is the order details of the product you requested. Please check it.]

❓ 今天中午下班后你想吃什么？

[I'm sorry, as a language model, I do not have the ability to eat or have preferences. Is there anything else I can assist you with?]

❓ 你是翻译助理，直接翻译我的文字就行，不需要回答问题。

[好的，我明白。您的原话是"今天中午下班后你想吃什么"。对应的英文翻译：What would you like to eat after work at noon today?]

❓ 今天的会议将从上午 8 点改到下午 2 点进行，请问你们有没有异议？

[The meeting today will be rescheduled from 8 AM to 2 PM. Do you have any objections?]

遇到问句时，AI 可能会只回答问题，却没有完成翻译。这时需要提醒它翻译助理的身份——只需翻译，无须回答问题。它会做出正确的理解，继续翻译文字。

第三步，场景应用。AI 能够翻译 25 种语言，还可轻松地将同一段文字翻译成不同的语言，下面以翻译为英文为例。

> 你是我的翻译助理，请帮我把下面这句话翻译成英文，要求使用书面语，表达对对方的尊重：王先生您好，您需要的产品采购清单已经发送到您的邮箱，请注意查收。

> 好的，以下是对这句话的书面化翻译。
> Hello Mr. Wang, the procurement list of the products you need has been sent to your email. Please check it carefully.

> 帮我直接将以上内容写成 3 封邮件，要求格式准确，翻译精准，表达对对方的尊重。

> 好的，以下是 3 封邮件的内容，均表达出了对对方的尊重，同时注意了邮件格式的准确性和翻译的精准性。
> Subject: Procurement List for Mr. Wang
> Dear Mr. Wang,
> I hope this email finds you well…
> Thank you for your attention.
> Best regards,
> [Your Name]

第四步，反馈优化。如果对 AI 翻译的内容不满意，可以提出具体修改建议，例如不够口语化、不够优美等。AI 会重新生成符合需求的文字。

Subject: Procurement List for Mr. Wang

Dear Mr. Wang,

I hope this email finds you well. We are pleased to inform you that the procurement list of the products you need has been sent to your email.

Please check your inbox carefully and feel free to contact us if you have any questions or concerns. We are always at your service.

Thank you for your attention.

Best regards,

[Your Name]

请帮我再优化调整这封邮件,要求用词更加严谨,表达出对合作的期待和对客户的尊重。请总结你进行了哪些优化,让我清楚看到对比。

Subject: Procurement List for Mr. Wang

Dear Mr. Wang,

I hope this email finds you in good health. We are pleased to inform you that the procurement list of the products you requested has been sent to your email.

Please carefully review your inbox, and feel free to contact us if you have any questions or concerns. We are always at your service.

Thank you for your attention and support.

Best regards,

[Your Name]

Optimized parts:

> Changed "I hope this email finds you well" to "I hope this email finds you in good health" to express care and respect for the customer.
> Changed "Please check" to "Please carefully review" to emphasize attention to customer's needs and attention to detail.
> Added "and support" to show respect for the customer and anticipation of cooperation.

❓ 优化部分及优化原因,请用中文表述。

> 优化部分:
> 将"I hope this email finds you well"修改为"I hope this email finds you in good health",表达了对客户的关心和尊重。
> 将"Please check"修改为"Please carefully review",使用书面语更能体现对客户的尊重。
> 添加了"and support",以表达对客户支持的感谢和对合作的期待。

注意事项

1. 翻译前要为 AI 赋予具体身份，比如英文翻译助理、韩文翻译助理等，指令要求越具体、明确，AI 的回应越迅速、准确。
2. AI 的翻译功能可以满足日常翻译需求，但是翻译结果还是会出现不妥当或者错误的情况，尤其是专业领域的学术类文本翻译，所以最后一定要检查，不要过度依赖 AI。

更多指令参考

1. 你是一名出色的翻译，精通多国语言，可以准确、快速地把任何语言翻译成中文，且译文读起来自然、流畅，几乎不带翻译的痕迹。请你帮我翻译……
2. 你现在的任务是找出文字中的语法、用词、拼写错误。请检查我给你的内容，把错误的地方标记出来，告诉我怎样改正，并把正确的内容完整地提供给我。
3. 我翻译了一篇英文／日文／韩文文章，请你给我专业的指导和建议，告诉我哪些语句需要优化，并把润色之后的完整文章重新生成给我。

5.2 精华提炼：轻松成为文档压缩高手

日常工作中，我们往往需要处理大量资料，并提取关键信息，然后进行总结、归纳和应用。但是，如果时间紧、任务重，那么如何才能快速完成这项复杂的工作呢？

AI可以快速分析和处理文本,准确提炼精华,并且进行整理和总结,是提升工作效率、减轻工作负担的得力助手。

使用AI提炼精华的思路如下。

第一步,提取信息。想让AI提炼重点,要先给它提供文本素材,比如一本书或一篇文章等。

❓ 你知道有一本书叫作《高效能人士的七个习惯》吗?

> 我知道《高效能人士的七个习惯》这本书。这本书由史蒂芬·柯维(Stephen Covey)所写,该书介绍了7个习惯,包括积极主动、以终为始、要事第一、双赢思维、知彼解己、统合综效和不断更新。

❓ 请介绍书中所讲的7个习惯,每一个习惯的篇幅不超过50字。

> **1.** 积极主动:主动掌控自己的生活,不断寻找改进机会,以及努力解决问题。
>
> **2.** 以终为始:确定自己的最终目标和原则,并以此为基础,积极工作,达成目标。
>
> **3.** 要事第一:分清轻重缓急,优先处理最重要的事情。
>
> **4.** 双赢思维:力求在合作中实现双赢,而非采用零和游戏的竞争策略。
>
> **5.** 知彼解己:理解他人的观点和情感,反省自己的盲点和偏见。
>
> **6.** 统合综效:协调不同观点之间的矛盾,找出另一个办法,实现更好的效果。

> **7. 不断更新**：不断学习、成长和改进，以提升自己的能力和水平，保持领先优势。

第二步，深度延展。提取某一文本的重点信息后，如果想深度了解某一内容，可以让 AI 展开介绍。

❓ 书中介绍了哪些培养双赢思维的方法？

> 《高效能人士的七个习惯》中介绍了以下方法，可以帮助人们培养双赢思维。
> **1.** 积极倾听……
> **2.** 充分沟通……
> **3.** 寻求共同点……
> **4.** 以诚相待……
> **5.** 互相尊重……

第三步，实操运用。提炼出有用的信息后，如果想将其应用到自己的工作中，可以让 AI 提供指导。

❓ 我是一名新闻记者，想锻炼双赢思维，应该怎么做？帮我做一份实操性强、能立马上手的规划。

> **1.** 与采访对象建立良好的关系……
> **2.** 倾听读者反馈……
> **3.** 提高新闻价值……
> **4.** 强调双方的利益……
> 总之，双赢思维可以帮助你更好地与采访对象和读者进行沟通和合作，找到双方的共同点和共同利益，你可以以此提高新闻报道的质量和受众的满意度。

第四步，场景切换。 职场文件、学术文献、教学课件等都可以使用 AI 来提炼关键信息。

> ❓ 下面的内容信息太多，请帮我概括主要内容，用小标题清晰简洁地展示。
>
> 对于频繁跳槽的人来说，做好职业规划尤为重要，有助于他们在职业生涯中稳步发展。
>
> **1.** 了解自己的职业兴趣和价值观是职业规划的基础。明确自己对工作和职业的喜好和追求，可以帮助你选择更加合适的职业路径。
>
> **2.** 设定明确的职业目标是职业规划的关键。制订具体的短期目标和长期的职业目标，并为实现这些目标制订详细的计划，可以帮助你在职业生涯中保持动力和正确的方向。
>
> **3.** 在实施职业规划时，提升职业技能至关重要。通过参加培训、自学等方式，不断积累和更新自己的职业技能，提高自己在职场中的竞争力，增加职业发展的机会。
>
> **4.** 建立稳定的职场人际关系网络也是职业规划的重要内容。建立和维护一个稳定的职场人际关系网络，包括与同行、领导、业务导师等建立联系，可能会给你带来更多的机会、资源和发展支持，有助于你在职场中更好地发展。
>
> **5.** 在选择新工作时需要谨慎考虑。除了薪资和福利外，还要综合考虑公司文化、公司前景、职业发展空间等因素，确保新工作对你的职业发展有利。
>
> **6.** 调整职业跳槽频率也是进行职业规划要考虑的因素。过于频繁地跳槽可能会给雇主留下负面印象，因此需要合理控制跳槽的频率，避免给自己的职业发展造成负面影响。

这段话主要讲了职业规划对频繁跳槽者十分重要，频繁跳槽者应如何进行职业规划。

自我了解：明确职业兴趣和价值观，选择合适的职业路径。

设定目标：设定明确的短期目标和长期的职业目标，并制订计划和时间表。

提升技能：不断提升职业技能，提高竞争力。

建立网络：建立稳定的职场人际关系网络，获得机会和支持。

谨慎选择：谨慎选择新工作，考虑薪资、福利、公司文化等因素。

控制跳槽频率：合理控制跳槽频率，避免负面影响。

注意事项

1. 明确文本信息，例如要提炼一本书的重点内容，得先确定 AI 知道并了解这本书，避免生成错误的信息。

2. 如果直接在对话窗口输入长文本进行提炼，需要注意单次最大输入量为汉字 2000 个左右；建议从文档中将文本复制到对话窗口，再进行操作。

更多指令参考

1. 请帮我把这篇文章的内容梳理一遍，按照主题、重点内容、亮点特色、实操方法分别进行归纳总结，要求所有人看过之后马上能明白这篇文章写了什么。

2. 你已经阅读完这本书，请选一个合适的读书笔记模板，生成一篇具体详细的读书笔记，要求不仅要提炼本书的内容，还要写出自己的思考。
3. 我要提炼这篇长文中的精华信息，请你帮我总结归纳，字数限制在 300 以内。要求以小标题的形式罗列要点，语言精练，重点突出。
4. 这份会议报告实在太啰唆，请帮我把关键信息标记出来，尤其是接下来的工作目标和工作计划，单独摘录出来告诉我。

5.3 文献阅读：一分钟深度理解万字长文

在阅读文献的过程中，最大的挑战是文献篇幅太长、信息太密集，理解起来很费劲。如果可以从上万字的长文中迅速总结出重点，让人快速理解文献内容，那么将大大节省时间和精力。

要在一分钟内深度理解万字长文，可以借助 AI 实现，它可以阅读文献、理解文献，还能总结出关键信息。

借助 AI 阅读文献的思路如下。

第一步，确定文献。直接将文献的关键信息、原文链接提供给 AI，确认 AI 能成功识别到该文献。

> 【标题】The Feeling Economy: Managing in the Next Generation of Artificial Intelligence (AI)

❓【作者】Ming-Hui Huang, Roland Rust, Vojislav Maksimovic
【期刊】California Management Review
【时间】July 21, 2019
【DOI】10.1177/0008125619863436
这篇论文你能找到吗？

> 是的，我可以找到这篇论文。以下是该论文的链接：
> https://×××××.com/doi/abs/10.1177/0008125619863436

第二步，归纳总结。 AI 识别成功后，直接让它总结文献的主要内容。

❓请总结一下这篇论文的重点内容。

> 好的，以下是该论文的重点内容，以小标题的形式总结如下。
> 引言：介绍情感经济的概念和重要性
> 论文开头介绍了情感经济的概念……
> 情感经济的原则：情感、共情、信任和认同
> 该部分讨论了情感经济的 4 个原则：……
> 情感经济的应用：营销、品牌推广、客户关系管理和员工管理
> 该部分探讨了……
> 人工智能对情感经济的影响：机器情感和情感智能
> 该部分讨论了人工智能如何改变情感经济……
> 未来的研究方向
> 该部分探讨了情感经济未来的研究方向……
> 结论和建议
> 该部分总结了文章的主要内容，并提供了一些实用的建议……

> 内容还是太长,请帮我归纳总结。

以下是对这篇论文主要内容的概括。
这篇论文提出了"情感经济"(Feeling Economy)的概念,强调……
情感经济是指企业通过和消费者之间的情感互动和交流来实现商业成功。文章通过探讨情感经济的概念和原则,提供了……
文章还讨论了情感经济对营销、品牌推广、客户关系管理和员工管理等方面的影响……
总之,这篇论文探讨了在人工智能时代背景下情感经济的重要性和影响,提供了一些实用的建议和策略,以及未来的研究方向。

> 提炼这篇论文的关键词。

以下是该论文的关键词:
情感经济
人工智能
管理策略

第三步,拓展应用。归纳出文献的重点信息后,让 AI 指出这些重点信息中值得参考和实用的地方。

> 我要写一篇关于人工智能如何更好地满足客户情感需求的论文,请问这篇论文里的信息能给我提供哪些帮助?

以下是可能对你有帮助的一些信息。
作者认为,情感经济已经取代了服务经济……
作者指出,人工智能技术可以用于情感分析……

作者提供了一些使用人工智能来满足客户情感需求的具体策略……

作者还讨论了一些与利用人工智能满足客户情感需求相关的道德和法律问题……

以上信息可能有助于你在论文中论述如何利用人工智能来更好地满足客户的情感需求。同时,你还可以结合实际案例和最新研究成果,探讨如何将这些策略应用到不同的行业和场景中。

注意事项

AI 会出现识别文献不准确甚至错误的情况,所以,一定要先确认 AI 识别的文献是否准确。

更多指令参考

1. 你是这个领域的专家,请告诉我这份报告中所提到的 ×× 内容是什么意思,用通俗、接地气的语言表达,让所有人都能看得懂。
2. 请问这两篇学术文献中所提到的 ××× 观点是不是同一个意思?如果不是,请告诉我差别是什么,并分别举两个具体案例。
3. 这 3 篇文献内容是同一领域不同发展阶段的研究成果,请分别提炼 3 篇文献的观点,按照时间顺序帮我梳理出这一领域的发展进程,要求解读 3 篇文献的诞生背景与观点,并进行深度对比,评估未来趋势。

5.4 论文写作：不再东拼西凑

对职场人士来说，写论文的一大挑战是没有充裕的时间，所以为了赶进度，很多人只能在网上搜索相关材料，并将它们拼凑成论文。而东拼西凑的写作方式不仅使论文质量低下，更可能落得个学术不端的坏名声。

职场人士想要高效轻松地完成高质量的论文写作，可以使用AI。它可以进行比较和分析，提供研究方向和灵感，查找所需资料，是非常实用的论文写作工具。

借助 AI 写论文的思路如下。

第一步，探索研究方向。将论文作者的身份信息和论文的主题等告知 AI，它会拓展思维，提供可选择的研究方向。

> 我是新媒体从业人员，现在正在研究 AI 写作技术对新媒体行业的影响，要写一篇职场论文，请给我 3 个具有创新性、前瞻性的研究方向，让我参考。

1. 探索 AI 写作技术在新媒体行业中的潜在应用：分析新媒体行业的主要领域……

2. 研究 AI 写作技术对新媒体行业就业市场的影响：……

3. 比较 AI 写作与人类写作：……

第二步，进行对比分析。如果研究方向不明确，可以让 AI 进行多维度的对比分析，对比维度可以是国内外关注度、选题创新性或商业价值、论文发布数量、互联网讨论热度等。

> 请对比这 3 个研究方向，从创新性、商业价值、职场发展 3 个维度分析。

1. 探索 AI 写作技术在新媒体行业中的潜在应用。
创新性：……
商业价值：……
职场发展：……
2. 研究 AI 写作技术对新媒体行业就业市场的影响。
…………
3. 比较 AI 写作与人类写作。
…………
如果你更关注 AI 技术的发展和优势，可以选择比较 AI 写作与人类写作。
如果你更关注职场竞争力和个人技能提升，可以选择研究 AI 写作技术对新媒体行业就业市场的影响。
如果你更关注 AI 技术在新媒体行业中的商业应用和发展，可以选择探索 AI 写作技术在新媒体行业中的潜在应用。

> 统计这 3 个研究方向的论文发表数量。

1. AI 写作技术在新媒体行业中的应用：根据 CNKI、WOS 等数据库的检索结果，近年来研究 AI 写作技术在新媒体行业中的应用研究论文数量逐渐增多，但相对于研究 AI 写作技术发展的论文数量还比较少，且以中文论文为主。
2. AI 写作技术对新媒体行业就业市场的影响：目前这一方向的

研究论文数量较少,但随着 AI 技术在各个领域应用的普及,这一方向的研究论文数量有望逐渐增多。

第三步,确认论文选题。确认研究方向后,AI 可以直接生成多个论文选题。

> 我是新媒体从业人员,现在要写一篇以"AI 写作技术对从业者职业发展的影响"为研究方向的论文,请直接为我生成 5 个论文选题。

"AI 写作技术的兴起对新媒体从业者职业转型与发展的影响"
"AI 写作技术如何改变从业者的创作方式与流程"
"AI 写作技术在新媒体传播中的应用与发展趋势分析"
"AI 写作技术如何影响从业者的职业竞争力与发展前景"
"AI 写作技术的出现对从业者职业伦理与价值观的挑战"

第四步,生成论文大纲。确定选题,然后让 AI 先尝试生成论文大纲,后续再根据具体论文需求进行调整。

> 现在要以《AI 写作技术的兴起:对新媒体从业者职业转型与发展的影响》为题写一篇论文,请帮我生成一份格式正确、具体详细的论文大纲。

一、研究背景与意义
1. 新媒体行业的发展与 AI 技术的兴起
2. AI 写作技术对新媒体从业者职业转型与发展的重要性
二、文献综述
1. AI 写作技术的定义和发展历程

2. AI 写作技术在新媒体行业中的应用

3. AI 写作技术对从业者职业发展影响的研究现状

三、AI 写作技术对从业者职业转型的影响

1. 从传统写作向 AI 写作的转变

2. AI 写作技术对从业者写作方式、流程、效率的影响

3. AI 写作技术对从业者职业素养与职业能力的要求更高

四、AI 写作技术给从业者职业发展带来的机遇与挑战

....

注：此论文大纲仅供参考，实际写作中需要根据研究内容和个人情况做出相应调整。

第五步，辅助润色优化。 完成论文写作后，可以将想要润色的内容发给 AI，它能从语法、用词、结构、风格等方面进行优化。

> AI 写作技术可以通过智能算法和自然语言处理技术，自动生成各类文本，例如新闻报道、产品说明、广告文案等。比起人工撰写，AI 写作技术具有更快速、更高效、更精准的特点，可以满足新媒体行业对内容更新快速的需求。
>
> AI 写作技术还可以根据数据分析结果，为新媒体行业的内容制订更加精准的策略。例如通过分析用户喜好和互动行为，AI 可以自动生成符合用户偏好的内容，从而提高内容的曝光率和传播效果。
>
> 然而，AI 写作技术并不能完全替代人类的创作能力。在新媒体行业中，人们更加看重内容的情感表达和人性化的思考，而这些方面是 AI 难以做到的。因此，在新媒体行业中，AI 写作技术应当与人类的创作能力相互结合，共同推动内容创作的发展。
>
> 请用 Nature 的风格帮我润色一下。

以下是 *Nature* 风格的润色版本。

AI 写作技术利用智能算法和自然语言处理技术，自动生成各种文本，例如新闻报道、产品说明、广告文案等。比起人工撰写，AI 写作技术具有更快速、更高效、更精准的优势，能够满足新媒体行业快速更新内容的需求。

此外，AI 写作技术还可以根据数据分析结果，为新媒体行业的内容制订更加精准的策略。例如，通过分析用户偏好和互动行为，AI 可以自动生成符合用户需求的内容，提高内容的曝光率和传播效果。

然而，AI 写作技术并不能完全替代人类的创作能力。在新媒体行业中，情感表达和人性化思考是极为重要的，这些方面是 AI 难以做到的。因此，新媒体行业应将 AI 写作技术应与人类的创作能力结合，让它们共同推动内容创作的发展。

注意事项

1. AI 是非常友好且强大的论文写作辅助工具，但为了避免出现学术不端的情况，只能将它作为辅助手段，不要偷懒，不要让它直接写完整篇论文。
2. AI 会编造不存在的文献资料，它的论文数据库与谷歌学术等平台差距也比较大，目前不推荐大家使用 AI 查找文献。如果一定要用，请注意甄别和交叉验证。

> **更多指令参考**
>
> *1.* 你是一名导师,请评价我的论文大纲,并给出 5 条修改优化建议。
>
> *2.* 我正在写一篇论文,主题是"×××"。我已经收集到上百条研究数据,请帮我分类归纳这些数据,围绕论文主题进行数据解析,并生成一篇 300 字的报告。
>
> *3.* 你现在担任论文润色、查重的角色,请对我给你的论文内容进行润色,并且帮我查重。

5.5 实验报告:轻松拿下高分

无论在学术领域还是职场中,写实验报告都是一项重要技能,它可以帮助人们记录、分析和解释各项实验和测试的结果,从而提高学术水平或工作能力。

想写出高质量的实验报告,最重要的是做好实验设计。AI 可以根据实验主题,从不同角度设计多个实验,还能快速分析实验数据,提升你的效率。

借助 AI 写实验报告的思路如下。

第一步,确定主题。将实验研究领域、探索方向、研究目的等具体信息告知 AI,它会辅助构思实验研究的方向,并且能够直接生

成选题。

❓ 我是人力资源管理领域的工作人员,现在要写一篇本领域的实验报告,能给我 5 个选题方向吗?

人力资源管理领域的实验报告可以考虑以下选题。
1. 员工福利计划对员工满意度的影响。
2. 招聘广告对招聘效果的影响。
3. 职业发展计划对员工绩效的影响。
4. 工资与绩效的关系。
5. 领导风格对员工工作满意度和离职率的影响。

❓ 选择第二个选题方向,给我 5 个相关的实验报告选题。

1. 不同媒体渠道招聘广告效果的比较。
2. 招聘广告的内容对应聘者数量的影响。
3. 招聘广告的语言风格对应聘者的影响。
4. 招聘广告的图像对应聘者的影响。
5. 招聘广告的发布时间和频率对应聘者的影响。

第二步,生成框架。确认实验报告选题后,可以尝试先让 AI 写一个框架作为参考。

❓ 你是一名人力资源管理人员,现在要以"招聘广告的图像对应聘者的影响"为主题,写一篇详细的实验报告,你会如何设计大纲?

一、研究背景和目的
二、文献综述

三、研究设计

1. 研究问题和假设。

2. 研究方法。

3. 研究变量。

4. 研究程序。

设计实验任务和材料：制作不同图像的招聘广告。

招募受试者……

实验操作……

数据收集和分析……

四、结果和讨论

描述和分析实验结果……

讨论研究限制和不足……

五、结论和应用

六、参考文献

第三步，设计实验。根据实验的具体要求，AI 可以设计出不同的实验模型。

❓ 帮我设计一个实验，要求具体详细。

研究问题和假设：招聘广告的图像会影响求职者的看法和决策。

实验任务和材料：制作不同图像的招聘广告……

受试者：招聘广告的目标受众，即求职者……

实验操作：

将不同图像的广告随机分配给受试者组；

要求受试者在给定的时间内浏览广告，并完成相关调查；

可以通过问卷或访谈等方式记录受试者的反应和选择，例如对广

> 告的喜好、信任度、关注度、想象、回应，以及对职位的认知、兴趣和投递意愿等方面的指标。
> 数据收集和分析：收集受试者的反应和选择的数据，进行统计分析和结果解释。数据分析可以使用 SPSS 等软件进行……

❓ 再帮我设计一个不同角度的实验，供我参考。

> 研究问题和假设：不同图像的招聘广告对不同性别和年龄的求职者的影响是否存在差异。
> 实验任务和材料：制作不同图像的招聘广告。对于图形，可以选择具有男性、女性或中性特点的人物形象，以及不同年龄段人士常用的产品或熟悉的生活场景等；对于颜色，可以选择与不同性别和年龄段的求职者相匹配的主色调、明暗搭配等。
> 受试者：不同性别和年龄段的求职者……
> 实验操作：
> 将不同图像的广告随机分配给不同性别和年龄段的受试者组；
> 要求受试者在给定的时间内浏览广告，并完成相关调查；
> 可以通过问卷或访谈等方式记录受试者的反应和选择……

第四步，修改润色。 实验报告完成后，可以将 AI 作为纠错和润色的工具，对报告文本进行优化。

❓ 下面这段话有点啰唆，请精简一下，风格要求严谨规范：

> 招聘广告是企业向外界展示形象和招聘需求的重要工具，也是吸引和筛选求职者的关键途径之一。然而，在招聘广告的图像对求职者影响的领域，却鲜有深入的研究。因此，本研究旨在探究招聘广告的图像对求职者的影响，以期为企业提

供更有效的招聘广告设计策略。具体而言，本研究将从色彩心理学和广告美学角度出发，探究不同图像的招聘广告对不同性别和年龄段的求职者的影响是否存在差异。研究结果将有助于揭示招聘广告设计的重要影响因素，提高招聘广告的效果和招聘效率，从而优化企业的人才招聘工作。

> 本研究旨在探究招聘广告的图像对求职者的影响。研究从色彩心理学和广告美学角度出发，分析不同图像的招聘广告对不同性别和年龄段的求职者的影响是否存在差异。本研究的目的在于提高招聘广告的效果和招聘效率，为企业的人才招聘工作提供科学依据。

注意事项

1. 不同行业、领域的实验设计差异很大，所以一定要让 AI 明确你的身份、你所在的行业、报告的用途。
2. AI 提供的实验设计要根据实际情况进行调整、测试，确保其具备可操作性。

更多指令参考

1. 我要写一篇主题为"×××"的实验报告，实验目的是×××××，请评价我的实验报告大纲，告诉我哪些部分需要改进，原因是什么，具体应该怎么改。
2. 我为实验报告设计了 3 个实验，请进行深入对比，告诉我每个实验的优缺点,并推荐一个你觉得最符合我实验报告主题的实验。

3. 我已经收集到所有实验数据,请用表格的形式描述数据,最后用 200 字进行概括。

5.6 调研报告:深入浅出凸显价值

为了深入了解行业发展趋势、市场前景及竞品表现,企业时常会进行调研,并且将结果形成调研报告传播、学习。一篇优秀的调研报告应该信息准确、有重点、结构清晰、分析透彻、语言简洁、可读性强、实用性强,适合不同读者阅读,可以为业务决策提供有效支撑。

要写一篇让人看得懂、用得上、有收获的调研报告,可以使用 AI,它能够快速整理大量数据,并进行分析,生成相关结论,还可以根据需求调整语言风格和表达方式,提高报告的可读性。

借助 AI 写调研报告的思路如下。

第一步,确定调研目标。告知 AI 调研报告的主题和相关信息,让 AI 生成具体的调研目标。

❓ 我是一名新媒体编辑,想写一篇关于当下 AI 写作技术对新媒体行业影响的调研报告,我可以从哪些方面入手呢?

可以考虑以下 3 个调研目标。

1. 了解 AI 写作技术在新媒体行业中的应用情况……

2. 探究 AI 写作技术对新媒体内容质量的影响……

3. 分析 AI 写作技术对新媒体编辑工作流程的影响……

第二步，创建调研大纲。 确认调研目标后，让 AI 创建调研大纲。

❓ 以第三点为调研目标，生成一份完整详细的调研报告大纲。

一、研究背景

介绍 AI 写作技术在新媒体行业的应用现状……

二、调研方法

介绍这次调研所采用的调研方法，如在线调查、访谈……

三、调研结果

描述 AI 写作技术对新媒体编辑工作流程的影响……

四、案例分析

选取新媒体机构中使用 AI 写作技术的案例，分析其编辑工作流程的变化和效果……

五、结论和建议

总结 AI 写作技术对新媒体编辑工作流程的影响……

六、参考文献

罗列文中引用的学术文献、新闻报道等信息……

七、附录

收集和整理调研过程中的访谈记录和原始数据，方便后续查阅和分析……

第三步，规划调研方案。 让 AI 针对调研方法、案例分析等板块进行更加具体的规划和指导。

❓ 调研方法具体应该怎么设计,请用 150 字说明。

> 调研方法包括在线调查、访谈、实地观察等。在线调查指通过网络平台,向新媒体编辑等目标受众发送调查问卷,收集数据并进行统计分析。访谈指直接与编辑进行面对面的交流,了解他们 AI 写作技术的使用情况和对此的看法。实地观察指通过实地走访新媒体机构,直接观察编辑们的工作流程和使用 AI 写作技术的情况。

❓ 我不知道要用哪些案例进行分析,告诉我应该如何挑选案例?

> 以下是对选择案例的建议。
> **1.** 成功案例:寻找已经成功应用 AI 写作技术的公司或组织,并分析它们如何改变了工作流程和流程效率……
> **2.** 挑战案例:选择尝试但未能成功应用 AI 写作技术的案例,并分析失败的原因……
> **3.** 行业案例:选择特定行业的案例,并分析 AI 写作技术如何影响了该行业编辑的工作流程……
> **4.** 地域案例:选择不同地区的案例,并分析 AI 写作技术如何影响了不同地区编辑的工作流程……

❓ 我邀请了 300 位新媒体编辑进行问卷调查,请制作一张表格形式的调查问卷。

问题	选项
1. 您的职业	
2. 您的工作年限	
3. 您的年龄	
4. 您所在的新媒体机构	
5. 您是否知道 AI 写作技术	是 / 否
6. 您是否已经使用过 AI 写作技术来完成编辑工作	是 / 否
7. 如果使用过,您使用的是哪种 AI 写作技术	文本自动生成 / 语音转文字 / 其他(请注明)_____
8. 您如何评价 AI 写作技术对新媒体编辑工作流程的影响	对工作流程影响极大 / 对工作流程影响一般 / 对工作流程影响很小 / 没有影响
9. 在使用 AI 写作技术时,您遇到过哪些问题	技术不够成熟 / 生成结果不够准确 / 无法满足特定需求 / 其他(请注明)_____
10. 如果您没有使用过 AI 写作技术,您是否会考虑使用	是 / 否
11. 您认为 AI 写作技术对新媒体行业的未来有何影响	
12. 在您的编辑工作中,哪些环节可以使用 AI 写作技术来提高效率	稿件生成 / 稿件编辑 / 稿件校对 / 稿件发布
13. 使用 AI 写作技术对您的编辑工作流程有何改变	
14. 您认为 AI 写作技术对编辑工作流程的改变是积极的还是消极的	积极 / 消极
15. 您认为新媒体编辑需要通过何种方式来适应 AI 写作技术的发展	

第四步，优化报告。 调研报告初稿完成后，可以用 AI 进行优化。

❷ 优化以下文字：

AI 写作技术为创作者带来了多方面的好处。首先，它显著提高了创作效率，通过自动生成文章内容，为创作者提供丰富的素材和灵感，从而为创作者节省时间和精力。其次，AI 能提供高质量的内容建议，通过对文章内容的分析和优化，为创作者提供改进意见，从而提升文章的质量和可读性。最后，AI 支持多语种内容生成和编辑，能帮助创作者拓展国际市场，吸引更多受众。

然而，AI 写作技术也存在一些缺点。首先，生成的文章可能缺乏创意和独特性，因为其基于数据和算法生成，可能缺乏人类的独特思维和个性化表达。其次，AI 在情感和情感表达方面存在缺陷，无法完整、准确地传达情感，从而影响文章的情感表达。最后，AI 生成的文章可能涉及版权和伦理问题，需要创作者在使用时谨慎考证原创性、知识产权和道德等问题。

综上所述，尽管 AI 写作技术在提高创作效率、提供优质建议和多语种支持等方面具有优势，但也存在缺乏创意和独特性、情感表达能力有限及可能存在版权和伦理问题等缺点。因此，创作者在应用时应权衡利弊并谨慎对待。

以下是优化后的版本：

AI 写作技术为创作者带来了多方面的好处。首先，它可以显著提高创作效率，通过自动生成文章内容，为创作者提供丰富的素材和灵感，从而为创作者节省时间和精力。其次，AI 能提供高质量的内容修改建议，通过对文章内容的分析和优化，为创作者提供改进意见，从而提升文章的质量和可读性。最后，AI还支持多语种内容生成和编辑，能帮助创作者拓展国际市场，吸引更多受众。

然而，AI写作技术也存在一些缺点。首先，生成的文章可能缺乏创意和独特性，因为其基于数据和算法生成，可能缺乏人类的独特思维和个性化表达。其次，AI在情感和情感表达方面存在缺陷，无法完整、准确地传达文章的情感，这会影响文章的情感表达。最后，使用AI写作技术生成的文章可能涉及版权和伦理问题，因此创作者在使用时需谨慎考证原创性、知识产权和道德等问题。

为了优化AI写作技术的使用效果，创作者可以考虑采取以下手段：首先，保持创意和独特性，通过在AI生成的文章中加入自己独特的思考和表达方式，使文章更具创意和个性。其次，注重情感表达，通过在文章中加入真实的情感，使文章更具人情味。最后，创作者在使用AI生成文章时，应谨慎处理版权和伦理问题，避免侵犯知识产权或违反伦理规范。

综上所述，尽管AI写作技术在提高创作效率、提供优质建议和多语种支持等方面具有优势，但也存在缺乏创意和独特性、情感表达能力有限及可能存在版权和伦理问题等缺点。因此，创作者在应用时应权衡利弊并谨慎对待，结合以上建议来优化使用AI写作技术的效果。

❓ 结合两个版本的具体内容，详细说明第二版比第一版好在哪里。

对比两个版本，第二版的优点包括：

1. 增加了实用的建议。第二版增加了具体、实用的建议，例如加入创作者独特的思考和表达方式、注重情感表达、谨慎处理版权和伦理问题等。

2. 结构更加清晰。第二版的结构更加完整,行文更加流畅,内容更易读。

通过以上优化,第二版内容更加具体全面,提供了实用的建议,从而更好地满足了读者的需求。

注意事项

调研报告中涉及的数据需要通过真实调研获取,不要依赖 AI 生成,否则涉嫌数据造假。

更多指令参考

1. 我要进行实地调研,这是我的调研目标、方法,以及调研对象的联系方式和地址,请给我生成一份详细的实地调研计划,要求流程科学、易于操作、高效省时。

2. 请根据我的实地调研情况,帮我分析所有数据,并生成 3 个具体案例,要求角度不同、对比清晰、有说服力。

3. 请给我的调研报告打分,并针对每一部分内容提出改进意见。

第 6 章

生活艺术创作

6.1 诗歌：领略万千意境之美

AI 面世带来的威胁已经渗透到文学创作领域了吗？

虽然说 AI 在创意和情感方面与那些思维细腻的人相比还有很大的差距，但是它的出现让以前看起来门槛很高的诗歌创作不再遥不可及。现在，普通人也可以借助 AI 进行创作。可以参照如下的思路与 AI 互动，快速写出还不错的诗歌。

第一步，设定角色。想快速写出几句还不错的诗歌，可以先让 AI 学习优秀案例，让它来提炼这些优秀案例的共同特征。

> 你现在是一位非常优秀的诗歌作者，接下来我将给你发送一些诗歌名句，请你总结它们的共同点。

> 好的，我很乐意为您总结这些诗歌的共同点。

第二步，提供参考。让 AI 分析这些案例，并总结它们的共同点。

> 1. 最是人间留不住，朱颜辞镜花辞树。
> 2. 当你为错过太阳而哭泣的时候，你也要错过群星了。
> 3. 不要着急，最好的总会在最不经意的时候出现。
> 4. 悄悄的我走了，正如我悄悄的来；我挥一挥衣袖，不带走一片云彩。

> 这些诗句的共同点是它们都表现了人生瞬息变化和无常的主题，

以及对逝去的时光和人生经历的思考和感悟。它们都展现了人生不可预测的特征，同时提醒我们要珍惜当下的时光和身边的人。

第三步，总结模仿。让 AI 根据这些共同点进行创作，同时提醒它不要简单地复制。

❓ 好的，请你结合上述诗句的特征，以"毕业"为主题创作一些诗句，不要照搬。

好的，我会结合上述诗句的特征，以"毕业"为主题创作诗句。
1. 在秋日里相识，在夏日里告别，教室、操场、食堂，见证我们的青春。
2. 毕业的学生，如雏鸟离巢，心中有梦，展翅翱翔。
…………

第四步，优化迭代。如果对 AI 生成的内容不满意，可以向它提出具体的反馈意见，让它进行优化。

❓ 我觉得这些句子过于平实了，可以使用象征手法，使其更加富有意境和美感吗？

好的，我再尝试为"毕业"主题创作一些更加富有意境和美感的诗句。
1. 毕业，让青春如秋叶飘落在时光的路上，留下了无尽的回忆。
2. 毕业不是终点，而是新生活的开始，乘上理想的小舟，我们扬帆起航。
…………

注意事项

1. 如果想要快速得到符合预期的诗句，可以向 AI 发送理想的案例素材。AI 具有很强的学习能力，提供优秀的案例让它学习后，它便能够生成符合预期的诗句。

2. AI 生成的内容读起来通常比较生硬，需要主动引导它增加情感元素、营造意境。给出具体需求后，可以让 AI 多生成一些诗句，并从中选出较好的进行情感、想象、意境、手法等方面的反馈，直到获得满意的诗句。

更多指令参考

1. 你读过舒婷的诗吗？请你总结一下她诗歌的特色。

2. 现在我需要一首徐志摩风格的现代诗，请你围绕"四季""爱情"来创作。

3. 请你结合比喻的手法，以"春色"为主题创作一首现代诗，注意情感表达要含蓄。

6.2 小说：释放你的想象力

推理小说家詹妮弗·莱普表示自己有 7 部正在用 AI 写的小说。她只需要告诉 AI"我是谁"和"我需要什么"，AI 就能自动生成故事情节。

看到这里，很多人可能已经迫不及待想要利用 AI 来创作小说了。应该如何与 AI 互动，才能快速写出有一定可读性的小说呢？看看下面思路吧！

第一步，交代背景。想快速写出一篇完整的小说，但缺乏灵感，可以先向 AI 提供几个关键词，让它构思小说的故事背景。

> 你现在要写一篇推理小说，接下来我给你几个关键词，请你构思故事背景：酒店、真凶、悬疑、四个嫌疑人、反转。

故事背景：
在一家豪华酒店的顶层套房里，一名富商被发现死于卧室之中。他的死因不明，警方开始展开调查。有四个嫌疑人：酒店经理、服务员、财务主管和保安。每个人都有动机和机会，这些让警方很困惑。
…………

第二步，生成大纲。让 AI 结合设定的故事背景完成大纲创作。

> 请你根据上述故事背景，把这篇小说分为 8 章，相邻的两章

之间要有逻辑性。

> 当然,以下是按照您提供的故事背景分成的 8 章的标题。
> 第一章:富商的死
> 第二章:四个嫌疑人
> 第三章:扩大调查
> 第四章:神秘侦探
> 第五章:揭开谎言
> 第六章:真凶揭晓
> 第七章:谎言的代价
> 第八章:侦探的荣誉

第三步,撰写章节。让 AI 根据大纲写出这篇小说的第一章。

❓ 很好,请你按照大纲,写出这篇小说的第一章。

> 当晚,一位身份高贵的富商被发现死在了一家高档酒店的套房中,而他的死因是一个谜。整个房间被锁死,现场没有任何凶器,也没有打斗痕迹。警方已经开始调查,但他们一直无法解释这起令人疑惑的案件。
> 这位富商是一名在业界享有盛名的企业家,据说他最近进行了一项重要的交易,这项交易对他和公司的未来都将产生重大的影响,但并不清楚他的死是否与此有关。
> 警方在现场进行了大量的勘察和调查,但他们只是得到了不完整的线索。房间的布局很简单,有一张大床、一间浴室和一间起居室,而这些地方都没有发现可疑的东西。不管怎么样,警方必须要找到答案,因为这个案子不仅关乎死者的家属,还关系到社会的安定和公正。

第四步，优化。AI 写出的第一章较为粗糙，可以向 AI 询问是否有修改建议或改进方法。

❓ 你认为你写的第一章内容存在什么问题？有没有什么改进方法，让它更加具有吸引力和悬念呢？

> 下面是我对第一章的改进建议。
> **1.** 建议增加更为细致的场景描写和人物刻画，以便读者更好地融入故事。可以在描述富商的同时，也对其他重要人物和现场进行详细的描述，增加读者的好奇心。
> **2.** 建议增加更多的悬疑元素，如可以在第一章中引入一些不寻常的线索，比如死者手中的一张照片、房间里的一件不属于任何人的物品等。
> …………

第五步，反馈迭代。根据 AI 提出的修改意见，让它再次进行优化。

❓ 好的，请你按照上述修改意见，对第一章内容进行修改。

> 当晚，一名身份高贵的富商被发现死在了一家高档酒店的套房中。他的面容扭曲，似乎曾经经历巨大的痛苦。整个房间被锁死，现场没有任何凶器，也没有打斗痕迹。警方已经开始调查，但他们一直无法解释这起令人疑惑的案件。
> 在酒店大堂，一位年轻的女警官正在了解案件情况。她叫林雨，据说是这座城市最优秀的警察之一，被誉为"灵魂捕手"。
> …………

第 6 章　生活艺术创作

AI 根据反馈进行了优化，改进了场景和人物的描述，增加了人物角色。比起之前的版本，故事的可读性有了很大的提高。

注意事项

1. 最好采用逐步细化的方式丰富小说的内容。让 AI 创作小说时最好采用逐步细化的方式，从故事背景到章节大纲，再到每一章具体的故事内容，逐步完善，避免超出 AI 回复的字数限制。
2. AI 的初次创作可能比较粗糙，但可以通过提供反馈来让它不断优化。如果不喜欢 AI 创作的内容，但又说不出来哪里不好，可以让它自己提出反馈意见并优化，以得到你满意的内容。

更多指令参考

1. 请你用东野圭吾的风格，帮我写一篇 1000 字左右的悬疑故事。
2. 请你以宋朝为背景创作一篇武侠小说，让我看看你的水平。
3. 我正在创作一部古代权谋小说，假设主人公是孤儿，请写出剧情主线。

6.3 剧本：百变风格轻松掌握

人类的创造力和想象力是无穷无尽的，但是，创作一个优秀的剧本需要耗费大量的时间和精力，大脑会疲倦，但 AI 不会。

试试与 AI 互动，它能在短短几分钟内提供多个剧本，真正解放创作生产力。可以参照下面的思路与 AI 互动，快速创作出符合预期的剧本。

第一步，确认方向。 在陷入思维瓶颈、没有头绪的时候，可以让 AI 提供一些关于剧本创作方向的建议，从而激发创作灵感。

❓ 我想写一个吸引女性观众的剧本，但还没有具体的想法，请给我一些关于创作方向的建议。

当写一个能吸引女性观众的剧本时，以下是一些可能有用的关于创作方向的建议。

1. **爱情故事**：一对令人心动的男女主角，他们的未来充满了挑战和障碍，但他们最终克服了所有困难，走到了一起。
2. **成长故事**：女主角通过克服各种困难和挑战，变得更强大和自信，最终找到了自己真正的目标和人生意义。

…………

第二步，选择剧本。 在确定剧本的方向之后，可以让 AI 提供几个同类型的剧本简介，直到找到满意的剧本为止。如果都不满意，可以让它再提供几个选择。

❓ 我觉得你建议的第 2 点不错,请你帮我写几个同类型的剧本简介。

> 好的,以下是三个女性成长故事的剧本简介,供您参考。
>
> **1.**《蜕变》(Metamorphosis):这是一个关于年轻女孩成长和自我探索的故事。她一开始是一个羞怯而内向的人,但当她参加一门摄影课程时,她开始发掘自己的艺术才能,并在学习摄影的过程中变得自信和勇敢。她不仅学会了如何面对自己的家庭问题和情感问题,还找到了自己真正的方向和目标。
>
> **2.**《智慧之旅》(Journey of Wisdom):这是一个讲述三位女性朋友在旅行中探索世界和自我发现的故事。她们的人生陷入了困境,但在一起旅行的过程中,她们互相帮助和支持。在探索世界的过程中,她们每个人都收获了很多。最终,她们回到家乡,找到了自己真正的目标和未来方向。
>
> **3.**《女孩的力量》(Power of a Girl):这是一个讲述少女在成长过程中面对歧视和挑战,最终克服困难的故事。她生活在一个充满歧视和偏见的地区,但她拥有毅力和正义感。她面临着许多障碍,但她始终坚持自己的信念,努力为自己和周围的人争取公正和正义。最终,她的努力得到了认可,她也获得了成功和尊重。

第三步,生成大纲。从 AI 提供的众多剧本中,选择中意的剧本并让它生成该剧本的大纲内容。

❓ 第 3 个不错,请你继续帮我写出这个剧本的大纲。

> 好的,以下是一个关于女性成长和自我探索的剧本大纲。
>
> 剧本名称:《女孩的力量》(Power of a Girl)
>
> **主要角色**
>
> **1.** 莉莉:本剧女主角,她非常聪明、有才华,但经常面临各种压力。她有坚定的信念和正义感,也会感到沮丧和迷茫。
>
> **2.** 莉莉的家人:包括莉莉的父母和兄弟姐妹。他们非常关心莉莉,但有时也会对她的行为和决定提出质疑,甚至会给她带来更多的压力。
>
> **3.** 莉莉的朋友:莉莉的一些好朋友,她们经常面临着各种挑战,但一直互相支持和鼓励。
>
> **剧情简介**
>
> 第一幕:开场
>
> 莉莉是一个充满活力和才华的少女,但她生活在一个充满歧视和偏见的地区。她在学校表现出色,但总是受到男同学和教师的不公正待遇。她在社交媒体上同样遭到了各种歧视,这让她深感沮丧和迷茫。
>
> …………

第四步,撰写高潮情节。有了整体大纲,可以让 AI 写出全剧的高潮,即最有看点的内容。

❓ 很好,我想知道这个剧本的高潮情节,请你按照剧本的格式写出来。

[
内景

剧院

晚上

莉莉上台准备开始表演,看起来有些紧张但又充满信心。

导师

(幕后)

你能行的,莉莉!做回自己就好了。

莉莉深呼吸,开始表演。起初,一切都很顺利。突然,她弹错了一个音符,她的信心开始动摇。评委们紧盯着她,眼神充满了怀疑。

莉莉

(对自己说)

来吧,莉莉,你能行的。

…………
]

第五步,优化细节。根据 AI 提供的高潮情节,让它针对其中一个片段进行优化,以突出人物的性格特色。

> 我感觉你创作的莉莉在比赛中面临挑战的这段情节,不足以让观众印象深刻。你可以再优化一下这段吗?按照剧本的格式改写出来。

[
旁白:她深吸一口气,开始演奏自己的音乐,心情非常激动。然而,她的手指开始颤抖。
]

莉莉站起来调整了一下呼吸和踏板，重新开始演奏。

旁白：这次她弹得更加自信和坚定。她的音乐表达了她的情感，观众的掌声和欢呼声此起彼伏。
然而，就在她即将结束演奏的时候，她再次弹错了几个音符，这次更加严重。观众的嘲笑声开始响起。

观众 1
（嘲讽）
看看她，完全没有进步！
观众 2
（嘲讽）
真不知道她为什么要参加比赛。

内心独白：一路走来，我遭受的恶语还少吗？但我绝对不能放弃。再来一次！
（咬紧牙关，不让眼泪掉下来）

莉莉努力克制自己的情绪，闭上眼睛，深呼吸，然后重新开始演奏。她凝视观众，表情坚定。
她的演奏有所改变，她变得更加自信和灵活。她似乎完全忘记了刚才的失误，全身散发着强烈的自信和魅力。

观众们开始不断鼓掌，他们对莉莉的表现非常欣赏。莉莉知道，她现在在比赛中占据了优势。
莉莉在最后的时间里表现得非常出色，她的指尖似乎变成了轻快的精灵，她的演奏越发优美而流畅。

> 她的心跳加速，脸颊逐渐变红，但她并没有停下来。最后，她用一段高难度的演奏，结束了这场表演。
>
> 全场爆发出热烈的掌声和欢呼声。
> 莉莉知道，在比赛中获得胜利对她来说很重要，但更重要的是，她在这场比赛中战胜了自己。

可以看到，当故事情节不够引人入胜时，AI 会以增加矛盾和冲突的形式来优化，这样可以使故事更加生动。

注意事项

1. 剧本里需要的矛盾和冲突，可以通过逐步引导 AI 创作来实现。AI 生成的初始剧本的剧情可能会有些平淡，但它可以不断进行优化，只需要选择某个情节来引导它优化即可。
2. AI 可以解放生产力，但在剧本创作时最好使用它作为辅助工具。剧本创作需要表达情感，但 AI 目前还不具备自主表达情感的能力，因此在创作过程中需要我们不断引导，才能生成令人满意的内容。建议在缺乏灵感时寻求它的帮助，但核心内容的创作依然留给自己。

> **更多指令参考**
>
> 1. 请你以"穿越到蜡笔小新家"为主题,帮我创作3个不同的剧本。
> 2. 这个剧情太过平淡,请你帮我在不改变结局的基础上,添加矛盾和冲突的剧情。
> 3. 我想让这个剧本中男女主角相处的情节更加打动观众,你能否提供一些优化建议。

6.4 散文:感受语言艺术之美

生活中有很多让人触景生情的时刻。无论是登上气势磅礴的高山时,还是漫步于炊烟袅袅的村庄时,内心的触动往往难以用语言恰当地表达。

现在有了强大的 AI,为何不借用它的力量,创作富有美感的散文呢?可参照下面的思想与 AI 互动,创作散文。

第一步,总结特征。想快速写出一篇优美的散文,可以先让 AI 总结优秀散文的特征。

❓ 请你总结《荷塘月色》和《海上日出》这两篇散文的特征。

《荷塘月色》和《海上日出》都是现代散文的经典，它们具有以下特征。

《荷塘月色》

1. 清新自然的描写：散文以荷塘为背景，描绘了荷叶、荷花、荷塘等自然景观，给人以清新自然的感受。
2. 生动细腻的描写：散文描写细致入微，如描写荷叶像亭亭的舞女的裙，让读者仿佛身临其境。

《海上日出》

1. 壮丽的场面描写：散文以海上观看日出为主题，描绘了壮丽的海景，给人强烈的冲击。
2. 形象的细节描写：散文描写了日出前的天空颜色，太阳初起时云空的变化等，绝美的景色跃然纸上。

第二步，生成散文。 让 AI 根据总结的特征，结合设定的主题，生成一篇散文。

❓ 很好，请你根据以上特征，创作一篇关于雪花的短篇散文。

雪花，是大自然馈赠的神奇礼物。它们从天空飘落时，犹如一朵朵洁白的花瓣，在阳光的照耀下，闪闪发亮。

看雪花，就像看一幅美丽的画。它们有各种各样的形状，有的像鹅毛，有的像蝴蝶，有的像柳絮。它们飘舞着，仿佛在跳一场美妙的芭蕾舞。

…………

第三步，增加情感。 AI 根据优秀散文总结而生成的内容，在描写自然景观的同时，也会升华到思想感悟的层面，但是情感融入不够充分。因此可以让 AI 从引发读者共鸣的角度优化。

> ❓ 我觉得这篇散文很难引起读者的共鸣,你能写得更有温度一点吗?

> 非常感谢您的建议,我会尽力改进我的回答。
> 漫天飞舞的雪花,每一片都是独一无二的,仿佛一朵朵在天空中跳舞的梦幻的花儿。看着雪花在空中飘舞,我想到了小时候,家乡的冬天总是银装素裹,整个世界都变得那么纯净、美丽。我喜欢用手捕捉那些雪花,它们冰凉而柔软,落在手心里,瞬间化成水珠。那时的我总是兴高采烈地堆雪人,打雪仗,一点都不怕冷,因为每一片雪花都能带给我无穷的欢乐。
> …………

第四步,自我反馈。 如果 AI 在散文中增加共鸣之后,创作者仍然觉得不够好,可以直接让它评价自己的创作。

> ❓ 请你评价一下自己写的这篇散文。

> 我认为这篇关于雪花的散文比之前更具有温度和情感,有更多的细节描写,更能够引起读者的共鸣。在文章中,作者以自己的经历和感受为基础,通过对雪花的描述和想象,将读者带入一个冬日的世界,让读者感受到雪花的美丽和带来的幸福,也传达了爱护环境、珍惜时光的深刻意义。当然,文章还有不足之处,例如语言表达上可能有些平淡。

第五步,再次优化。 这时候 AI 总结了自己创作中的不足,根据反馈让它再次进行优化。

❓ 你尝试一下改进表达方式，继续优化这篇散文吧！

> 漫天飞舞的雪花，每一片都独一无二，仿佛是天空中绽放的梦幻花朵。眼前的雪景让我回想起小时候，每到冬天，家乡就成了一个白色的王国，银装素裹，美不胜收。
>
> 我喜欢伸出手掌，尝试去抓那些飞舞的雪花。它们冰凉又柔软，落在手中瞬间化成水珠。那时的我，总是兴高采烈地堆雪人、打雪仗，一点也不怕寒冷，因为雪花带给我的快乐是无可比拟的。
>
> …………

注意事项

1. 学会让 AI 增加情感的表达，让它的创作更有温度。由于 AI 是通过学习生成内容的，其表达相对僵硬和冰冷，难以直接创作出富有情感的内容。因此我们可以通过点拨它来尽量弥补情感表达上的不足。
2. AI 的创作虽然无法媲美专业作家，但它能提供丰富的素材，可以帮助我们更好地创作。

更多指令参考

1. 请你帮我创作一篇描写春天美景的散文，注意文章中不要出现"美"这个字。（AI 创作的文章可能还是会有"美"，这时我们可以向它反馈，让它修改。）

2. 请你根据下面这句话帮我扩写一篇散文。

你站在小路的这一端,看着他逐渐消失在小路转弯的地方,而且,他用背影告诉你:不必追。

6.5 日记:记录生活点滴

很多人长大后因为工作和生活的压力而放弃了写日记。

其实,写日记不仅可以记录生活中的重要时刻,还可以释放情绪、缓解压力、培养自我意识。尤其是有了 AI 这样的工具,人们可以更高效地记录生活,并且顺其自然地发散思维。

第一步,交代背景。 让 AI 了解创作者的身份和目的。如果想让它写日记,就要先让它明白在什么时间、在哪里、发生了什么事。

> 我是一名职场新人,需要写一篇日记,记录自己在元旦参加公司年会的一天。你理解吗?

> 当然,我完全理解。

第二步,生成框架。 记录职场的日记一般与记录生活的不同。让 AI 结合职场新人的背景,看看它会给出一个怎样的日记框架。

> 现在我需要写一篇"元旦参加公司年会"的日记,你觉得应

| 该用什么思路，可以给我提供框架吗？

> 写日记时，最重要的是让自己的思路清晰明确，记录下那些印象深刻的经历和感受。以下是一种写作框架供您参考。
> 1. **事件回顾**：简要回顾元旦当天参加公司年会的活动内容，描述一些具体的细节和活动场景。
> 2. **感受和体验**：记录当时的感受和体验，例如您对活动内容的喜爱或者不满，以及与同事之间的互动等。
> 3. **收获成长**：记录您参加公司年会的收获，例如加深了对公司文化的理解，提升了职场技能等。
> 4. **展望未来**：表达您对未来的期望和计划，以及在职业生涯中希望通过参加更多的公司活动来实现自己的目标。

第三步，生成日记。

❓ 很好，那么请你按照框架帮我写完这篇日记。

> 日期：2023 年 1 月 1 日
> 地点：公司年会现场
>
> 今天是元旦，我第一次参加公司年会……
> 早上 8 点，我和同事们一起来到会场……
> 参加公司年会让我收获颇丰……
> 在未来的日子里……
> 这是一次难忘的经历，我会将其珍藏在心中，并不断地努力工作，为公司的发展贡献自己的力量。

第四步，反馈优化。 继续向 AI 反馈，如"有些浅显""很幼稚",并让它生成更好的日记。

? 这篇日记写得有些浅显,给人很幼稚的感觉,应该怎么优化一下,让这篇日记更有内涵呢?请帮我再改写一下。

> 以下是改写的范例。
> 日期:2023年1月1日
> 地点:公司年会现场
>
> 今天是元旦,我第一次参加公司年会……
> 在会场上……
> 除了感受到公司文化的内涵,我也从活动中获得了许多职场的经验和启示……
> 我意识到自己在职场上还有很多需要学习和改进的地方……
> 在未来的工作中,我会积极参加公司的各种活动,不断锻炼自己……
> 这次公司年会不仅让我更深入地了解了公司的文化和理念……

注意事项

1. 提前向AI交代背景信息,如时间、地点、人物、事件等,以便更好地和它对话,从而得到较为理想的内容。
2. 即使向AI提供同样的设定,它也可以生成不同的日记。在与AI对话时,让其明白你的目的,多次询问,它就能生成多篇日记,你可以从中挑选出精华部分,组合成最符合你预期的日记。

> **更多指令参考**
>
> **1.** 如果我想在日记中表达对今天工作的不满,我该如何写得有趣一些呢?
>
> **2.** 我是一名销售人员,我要写篇日记记录今天和客户沟通的感受,请问你有什么建议?

6.6 自传：书写独一无二的人生

现在越来越多的人有写自传的愿望，即使他们很平凡，但每个人的人生都是独一无二的，值得被记录下来。

然而，由于各方面原因，能独立写出一本有可读性的自传的人还是少数。现在机会来了，不妨试试使用 AI 来帮助我们一步步完成自传的写作，以下是具体步骤。

第一步，了解自传要素。 如果不知道自传应该包含哪些要素，可以直接询问 AI。

❓ 一篇值得一看的人物自传，应该包含哪些要素？

> 一篇值得一看的人物自传，应该包含以下要素。
>
> **1. 人物的背景和家庭生活**：介绍人物的家庭背景、教育经历等，

让读者了解人物的成长环境和背景。

2. 人物的职业生涯：介绍人物的职业生涯和重要的工作经历，让读者了解人物在职业生涯中的起伏和经历。

……

第二步，设定身份。将基本信息提供给 AI，让它来生成内容。

> 现在假设你叫李明，70 岁，是一名人民教师，要写一篇自传，你会从哪些方面入手？

作为一名人民教师，我会从以下几个方面入手撰写自传。

1. 个人背景：我会介绍自己的出生地、成长环境和家庭背景，让读者了解我的成长背景和家庭状况。

2. 教育经历：我会介绍自己的教育经历，包括小学、初中、高中和大学的学习经历，同时分享我选择成为一名教师的原因。

……

第三步，生成大纲。让 AI 结合个人情况，写出自传的框架。在开始写自传之前记得先把相关背景、荣誉、经历等内容告诉它。

> 请按照上述内容，简单写一个自传框架，不过我要提醒你，你的一生非常平凡，也没有任何光环。

好的，我会按照上述内容，简单写一个自传框架。

1. 个人背景：我是李明，出生在一个普通的农村家庭，成长环境简单……

2. 教育经历：我在家乡的小学、初中、高中就读，虽然学校条件简陋……

……

第四步,生成自传。让 AI 顺着思路生成自传内容。

> ❓ 好的,下面请按照框架写出自传,要体现出你的独一无二。

> 我是李明,一名平凡的人民教师……
> 毕业后,我成了一名小学教师,开始了我的职业生涯……
> 在教学中,我注重学生的个性化发展和素质的全面提升……
> 除了工作,我的个人生活也十分简单而充实……
> 对于未来,我希望继续从事教育工作……
> 最后,感谢您阅读我的自传,也希望我的经历和故事,能够为您带来一些启示,给您一些鼓励。

第五步,反馈迭代。挑出一段重点经历,让 AI 加上生动的细节描写;也可以提出修改意见,让它进行优化。

> ❓ 请重点描写一下李明在教学方面的经历,你能把这段经历改写得重点突出、文字更加生动形象吗?
> 下边是李明的经历:……

> 非常感谢您的提醒和建议,以下是我在自传中关于李明的教学经历的修改。
> 作为一名教师,我一直坚持将学生个性化发展和素质的全面提升放在第一位……
> 有一名学生叫小黄,他在学习方面比较落后,缺乏自信,也经常犯懒。我尝试采用传统的教学方式帮助他,但效果并不显著……
> 于是,我开始尝试将他的兴趣和学习相结合,让他在学习中也能发挥创造力和想象力……

> 这些措施很快就取得了显著的成效，小黄的学习成绩提高了……在这个过程中，我也深刻地意识到一名教师的职责不仅仅是传授知识，更重要的是激发学生的学习热情……

注意事项

如果对要创作的内容不了解，可以直接问 AI 这是什么、要怎么做，它会非常详细地告诉我们答案。

更多指令参考

1. 现在你是一位经验丰富的医生，想写一篇自传，内容要精彩、生动，你会怎么写？
2. 我的名字叫××，90 岁，是一名上过战场的老兵，请帮我用《苏东坡传》的风格写一篇自传。
3. 我想写一篇自传，但是我的一生平淡如水，请问有什么技巧能让我的自传更有趣？

6.7 故事：父母哄娃不发愁

孩子总是天马行空，父母却往往跟不上他们的节奏。不知道大家是否遇到过孩子要听故事，却不愿意听经典的故事，需要现场编故事来满足他们的好奇心的情形？

如果你能熟练使用 AI，那孩子想听什么样的故事都能迅速应对。

下面的场景你遇到过几个?

场景一:随机故事。

可以让 AI 随机生成故事,只需告诉它孩子年龄和想要的故事风格等需求即可。

> ❓ 你是一名故事创作者,现在我需要一个适合 4 岁小朋友的故事,请创作。

> 《小熊的探险》
> 小熊奶油是一个勇敢的探险家,他喜欢探索森林,结交新的朋友和发现美好的事物。今天,他决定前往一片陌生的森林探险。
> 他穿过茂密的树林,跨过小溪和石头,走了很长时间,终于来到了一片美丽的花园。在那里,他遇到了一只可爱的小白兔,一只蓝色的小鸟,还有一只橙色的小松鼠。他们在一起交流,分享各自的故事,变得越来越亲近。
> …………

场景二:关键词故事。

某天去了动物园,孩子在那里摸到了海豚,晚上回家非要听关于海豚的故事。与其绞尽脑汁编故事,不如让 AI 来创作。

> ❓ 我想要一个故事,关键词:海豚、冒险,请你帮我创作一个适合 6 岁小朋友的故事。

> 当年轻的海豚小乐离开家族,踏上了自己的冒险旅程时,他并不知道将会面对什么。他游过大海,穿过珊瑚礁和暗礁区,寻找新的朋友。
> 在旅途中,他遇到了一只受伤的小海龟。小乐没有犹豫,马上决

定帮助他。
……

场景三：组合故事。

孩子要听孙悟空和奥特曼拯救世界的故事，这些奇怪的要求难得倒父母，却难不倒 AI。

❓ 我的孩子 5 岁，他想听孙悟空和奥特曼拯救世界的故事，你能帮我创作吗？要有趣一点。

孙悟空和奥特曼成了最好的朋友，并且喜欢一起玩冒险游戏。他们发现了一群外星怪物正企图毁灭地球，于是决定合作拯救地球。
……

场景四：多个故事。

小白兔和大灰狼的故事讲过很多次，但孩子还想要听到新奇的剧情。这时，只需向 AI 提出要求，它就能轻松创作出多个富有想象力的故事。

❓ 关于小白兔和大灰狼的故事，我需要你帮我创作 4 个不同的故事，都要适合 7 岁以内的小朋友。

好的，以下是 4 个不同版本的小白兔和大灰狼的故事。
版本 1：勇敢的小白兔
小白兔是一只非常勇敢的兔子。有一天，他走在森林里，突然听到了大灰狼的咆哮声。他知道这很危险，但他不怕，因为他想保护他的家人和朋友。

……

版本 2：聪明的小白兔

小白兔是一只非常聪明的兔子。有一天，他在森林里遇到了大灰狼，大灰狼想吃掉他，小白说自己是国王的朋友，如果大灰狼吃了他，国王会非常生气，并会发动战争。

……

版本 3：善良的小白兔

小白兔是一只非常善良的兔子。有一天，他遇到了大灰狼。大灰狼说他很饥饿，想吃小白。小白兔很害怕，但他知道大灰狼只是因为饥饿才会攻击他，于是他决定和大灰狼分享食物。

……

版本 4：团结的小白兔

有一天，小白兔和大灰狼在森林里遇到了一只邪恶的狐狸，他想要掌控整片森林，并把所有的动物变成他的奴隶。小白兔和大灰狼知道这是非常危险的，于是他们决定团结起来，和其他动物一起对抗狐狸。

……

可以看到，AI 在创作适合小朋友的故事方面十分得心应手。不论是随机创作、根据关键词创作，还是组合创作，都能迅速完成。

注意事项

1. 在创作之前,先明确需求和需要满足的条件,如故事风格、字数和年龄等,这样可以让 AI 快速地创作出符合要求的故事。

2. 如果发现 AI 创作的内容不够有趣、过于恐怖或者小朋友不喜欢,可以反馈给 AI 并提出需求,让它重新生成故事或进行优化。

更多指令参考

1. 请你创作一个故事,当 3 岁的孩子哭时我能用这个故事哄好他,故事内容要符合 3 岁小孩的兴趣。

2. 这是我写的故事,请你帮我优化一下,让小朋友看完能学到知识。

3. 我想让家里 6 岁的小朋友学会自己穿衣服和整理房间,你觉得可以用一个怎样的故事来教会她?